アメリカの大学生が自由意志と科学について語るようです。

A DIALOGUE ON FREE WILL AND SCIENCE

アルフレッド・ミーリー 著
ALFRED R. MELE
蟹池陽一 訳
YOICHI KANIIKE

春秋社

ふたたび子どもたちへ（だが、今回は年齢順に）
アル、ニック、アンジェラへ

まえがき

ある日、息子のニックと私とは、科学が自由意志に対してどのような異議を申し立てるのかについての学部生向け、あるいはさらにより一般読者向けの本をどういうふうに書くかについて話していました。多少の議論ののち――しかもふたり同時のようでしたが――私たちは同じことを考えました。私は対話篇を書くべきだということをです。それで、私はそうしたんですよ。私はその過程を非常に楽しみました。その結果が本書でして、みなさんもまたこれを楽しんでいただけたらと思います。

私は哲学を冒険として見ています。哲学的な問いから出発して、擁護可能な答えに到達しようとするのです。当初の問いから、答えが必要なそのほかの問いへとも導かれます。ときには、次に何――どんな問い、どんな問題、どんな答え――が来るかはわかりません。そして、それだからこそ、その過程がわくわくするものになるんです。学生向けの哲学書を書く通常のやりかたですと、そのわくわく感が少し冷めてしまいかねません。つまり、そういう場合では、各章で、はじめに、何をどのようにするかを読者に語り、それを実行し、何をしたか読者に念を押します。対話篇だと、その過程を、より魅力的で、楽しめるもので、わくわくさせるものにすることができるような、より自然な仕方で、諸概念が浮かびあがって、明確化されて、評価されることが可能です。

登場人物たちは、自由意志を持つことに何が伴いうるかを把握しようと努めてから、自由意志の存在に対して科学からの最大の異論を呈示するといわれることが多い諸実験について語り、それらに対して応答します。それらの諸実験のなかには、脳科学からのものもあるし、社会心理学からのものもあります。この対話篇を導く問いは、これです――自由意志に対する科学からの主な異論にはどれほどの威力があるのか。たとえば、それらは、すべての教育のある人々が自由意志について懐疑的にならなければならないほどに強力なものなのでしょうか。ひょっとしたら、それらは、自由意志の存在についての懐疑論を正当化することはなくても、自由意志に対する制約を指し示すのでしょうか。登場人物たちの言いぶんの多くは、私の導きの問いに対して直接的に応答するものです。私の主な目標は、読者の方々が自由意志に対する科学からの異論を評価し、私の導きの問いに対して自分で答える手だすけをすることです。

本書の草稿に対するコメントに対して、私は、ジョー・キャンベル（ワシントン大学）、ラミ・エル・アリ（マイアミ大学）、アンドレアス・フォーク（フロリダ大学）、ミーガン・グリフィス（ディヴィドソン大学）、スティーブン・カーンズ（フロリダ州立大学）、ベンジャミン・マクマイラー（テキサスA&M大学）、クリス・マイヤーズ（サザン・ミシシッピ大学）、ジェイスン・ミラー（フロリダ州立大学）、エディー・ナーミアス（ジョージア州立大学）、ジョッシュ・シェパード（フロリダ州立大学）、ブルース・ウォーラー（ヤングスタウン州立大学）に感謝しています。マリスト大学のアンドレイ・ブッカレフに対しては、私は特に負うところがあります。彼は本書の草稿を授業で試用してくれたのです。アンドレイは自分の学生によるコメントを私に転送してくれたし、彼自身の助言も送ってくれました。図の当初の草案に対しては、ジョッシュ・シェパードに、また、表紙の絵と初期の草稿に対するコメントに対しては、アンジェラ・ミーリーに感謝致します。本書は、ジョン・テンプルトン財団からの助成金による支援により可能となったものです。本書に表明される諸意見はジョン・テンプルトン財団の見解を必ずしも反映しません。

アメリカの大学生が
自由意志と科学について語るようです。

目次

アメリカの大学生が自由意志と科学について語るようです。

第1章 自由意志って何を意味するの？

はじまりは月曜の午後

アリスはお気に入りのコーヒーショップで、ノートパソコンでニュース記事を読んでいる。

ボブ「アリス、ほら。キャラメルキスフラッペ。[*1] タラハシー[*2]の夏の午後にはぴったりだろ」

アリス「パーフェクト。ありがと。次はわたしがおごるね」

ボブ「なに読んでんの？」

アリス「脳科学者のグループが自由意志は幻想だと証明したって記事よ」

ボブ「それを信じるのかい？」

アリス「そうじゃないけど、でも……」

ボブ「自由意志があると信じてる？」

アリス「そうね、わたしが『イエス』と言ったとしましょう。それでどのくらいわたしの考えてることがあなたに伝わるのか、よくわからないのよ。わたしが『自由意志』（という言葉）で意味していることって、あなたが意味してることじゃないかもしれない。実際それどころか、脳科学者たちが意味していることでもないかもしれない。科学者が意味してることと記者が意味してることだって違うかもしれないし」

ボブ「脳科学者グループは『自由意志』で何を意味してるのさ？」

アリス「わかんない。記事に書かれてないの。記者が何を意味してるかも書かれてないし、誰であれ、それで何を意味してるのかは書かれてないわ」

ボブ「そうか。それじゃ、きみが『自由意志』で何を意味してるか教えてよ」

アリス「厳密にはわたしにもわからないわ。前学期に哲学入門の講義をとったのよ。自由意志は出てこなかったけど、いろいろおもしろいことを習ったわよ。たとえば、知識。教授――ちょっと彼女の名前は忘れちゃったけど――がわたしたちに『知識』を定義してみてと言ったのね。『「Sがpを知っている」というのは何を意味するの？』って。とにかく……」

ボブ「それじゃあ、『Sがpを知っている』は何を意味するの？」

アリス「よく考えてみると、あの人、やっぱり教授じゃなかったかな。凄く若かったから大学院生かもね」

ボブ「『Sがpを知っている』に戻るけど、『ある教授がきみの哲学の授業を担当してたことをサムは知っている』と言えるかな？」

アリス「もちろんよ。ええっと、サムがこのことを信じていて、このことが真であれば、サムがこのことを知っているというのに十分だ、って考えられるかもしれないわね。だから、Sがpを知っているというのは、pである場合にSがpを信じていることだ、って言われるかもね。だけど想像してみてよ。サムは、教授じゃなくて院生が教えてる授業もあるってわかっていないばかりに、その授業も教授が教えていたと信じてるって。すべての授業は教授が教えてると思っているから、サムはその誰かさんも教授だと推論する。だとすればわたしたちは、サムが知っていたすべてにもかかわらず、サムの先生は教授じゃなくて院生だったかもしれないと言えるかもね」

ボブ「なるほど。サムは授業をする教授と院生の区別がつかないから、たとえ本当に教授が授業をしていたとしても、教授がその（科目の）授業をしていると知っていたんじゃないんだ」

アリス「そんな感じ。サムには、先生が院生というより教授だったと信じる十分な理由がなかったのよ。その先生好みの言いかたをすれば、先生が教授だとサムが信じることは正当化されていなかった。先生は『正当化された』って言葉を何度も使ってたわ」

ボブ「ふうん、それじゃ、知識とは正当化された真なる信念だと言えるのかな？」

＊１　キャラメルキスフラッペ　フラッペは細かく砕いた氷にシロップをかけた飲みもの。キャラメルキスフラッペは甘いキャラメル味。

＊２　タラハシー　フロリダ州の州都。同州の北西部に位置し、本書の著者が勤務する（そして登場人物たちが通っていることになっている）フロリダ州立大学がある。

アリス「そうでしょうね。でも今度は、わたしたちはどれだけの正当化が必要か問わなきゃいけない。水槽のなかの脳っていう、ぶっとんだ話がここで登場したのを思いだしちゃうわ」

ボブ「どんな話？」

アリス「えっとね、五〇年前、核戦争によって地球の表面は破壊されつくしてしまいました。だけど、その少し前、脳科学者があなたの脳を頭からとりだして、生命を維持してくれる液体の入った水槽のなかへ入れ、コンピュータープログラムと接続したのです。そのプログラムは現実の経験と区別のつかない（架空の）経験を、ずうっと、えんえんと、あなたの脳に与えつづけてくれるのです。それから科学者の部下が水槽とコンピューターを深い穴のなかへ入れて蓋をしました」

ボブ「へえ、『マトリックス』を思いださせるね。本当にすばらしい映画だった。きみの教授――失敬、先生だな――は『マトリックス』から着想を得たのかな？」

アリス「違うわ。『マトリックス』が構想されるよりずっと前に、ヒラリー・パトナムっていう哲学の教授が出してきた話よ」

ボブ「なんにせよ、常軌を逸した話だね。ぼくはまだ二〇歳なんだ。だからぼくの脳が五〇年前に体からとりだされたことはありえない。一件落着」

アリス「どうやって知るの？」

ボブ「どうやって知るって、何を？　ぼくが二〇歳だってこと？」

アリス「うん」

ボブ「ぼくは自分の出生証明書の小さいコピーを財布に入れてるんだ。ほら、見てよ」

　アリスは出生証明書を丹念に調べているふりをした。

アリス「どうやってあなたは、これがあなたの出生証明書だってことを知るの？」

ボブ「偽造だっていうのかい？」

アリス「違うわよ。わたしは……」

ボブ「ああ、わかった。それが出生証明書だってことを、そもそもぼくはどうやって知るのか？　あのぶっとんだ話が本当なら、出生証明書についてのぼくの経験も、コンピュータープログラムがつくりだしたものにすぎない。ぼくの手のなかには出生証明書なんかないんだ。実のところ、ぼくには手だってない。ぼくたちはコーヒーショップにいるんじゃなくて……」

アリス「そのとおり。そしてあなたは、このとんでもない話が真実でないってどうやって知るの？　もしこの話が真実ではないことを知らないとしたら、この話が真実であるにはあなたは若すぎるということも知らないってことよ」

　アリスとボブは友だちが近づいてきたのを目にする。

クリフ「おおい、何やってんの？」

ボブ「やあ、クリフ。脳科学者たちが自由意志は存在しないって証明したかどうかについて話しはじめたら、どういうわけか『マトリックス』の話になっちゃってね」

クリフ「ああ、『マトリックス』か。赤い錠剤と青い錠剤のどちらを選びますか。あの部分はおぼえてる。ネオが重大な決定をしなくちゃならないときだ。あれば重大な自由意志の問題だろ」

アリス「そうかも。だけど、ボブに『マトリックス』のことを思いださせた思考実験の話をしていたとき、わたしが言おうとしていたのは、単に言葉についての一般的な論点なのよ。言葉には、それらが何を意味しているのかわたしたちは知っていると考えがちなものがあるでしょ。たとえば、『知っている』とか『よい』とか『公平な』とか。それらの言葉で自分が何を意味しているのかを考えはじめるまではね。わたしは、『マトリックス』っぽい思考実験で、『知っている』（という言葉）についてその点を説明して、『自由意志』（という言葉）も同じようなものかも、と提案しようとしてたわけ。定義を与えようとしてはじめて、『自由意志』ってことで何を意味しているのか、ちゃんとした考えは持てるのかもしれない。定義でないとしても、少なくともそれにすごく近いものね」

クリフ「わかった。でも、少なくともぼくはわかってると思う。『自由意志』で何を意味しているか言おう。したいことをすることができるってことだよ」

ボブ「自分がやりたいことは何でもできるって意味？　ぼくは小さいころ、スーパーマンみたいに空を飛んで、高層ビルもひとっ飛びにしたかったよ。もちろんそんなことはできなかった。ということは、ぼくは子どものころ自由意志を持っていなかったことを意味するのかい？」

クリフ「そうだね、それは超自由意志ってものになるんじゃないかな。前言を変更するよ。これでどう？　やりたいことで、それができる場合には、それについて自由意志を持っている。だからスーパーマンのように飛ぶことについては、きみは自由意志を持っていなかったけど、キャラメルキスフラッペを注文することには、ぼくは自由意志を持っている。ぼくはひとつ注文したいし、それができる。ちょっと見ててくれよ」

アリス「でも、あなたはいつもフラッペは大きらいだって言ってたじゃない。どうしちゃったの？　どうしていま欲しいの？」

クリフ「そのとおり。おまけに、注文するところだったよ。いったいどうなってるんだろう」

ボブ「フラッペを買ってさしあげようか、クリフ？」

クリフ「ちょっと待ってよ。これは変だよ。ぼくはちょうど催眠術の実験をやってきたところなんだ。あの催眠術師、気がついたら、あなたは何かをやりたがっているでしょう、なんて言っていたな。無害だが、これまで一度もやりたいと思ったことがないことだって。これがそうに違いないよ」

アリス「それならあなたは、フラッペを注文することに自由意志を持っていると思う？」

クリフ「なぜフラッペに対するこの尋常でない衝動があるのか思いついた以上は、持っているかもね。だが、もしさっき単にそのままフラッペを注文したとしたら、ぼくの自由意志よりも催眠術のほうが効いていたんだと思う」

ボブ「それなら、きみは自由意志の定義をまた変更なさりたいのかな？　ぼくが思うに、ほかにも定義を変えるべき理由はいくつかあるよ。きみが今夜散歩しているときに、怖い人が、金と携帯を渡さないと撃つぞと、きみを脅したと想像してみろよ。彼に自分を撃たせないために、きみは金と携帯を渡したいと思うだろうし、そうすることはできる。でも、金と携帯を渡すことについて、きみには自由意志があるんだろうか」

クリフ「よくわかんないね。だが、この問題が複雑だってことはわかる。『自由意志』が何を意味するか知っていると思っていたけど、いまは混乱した気分。これがアリスが話していたことなんだな。この哲学的思考は一休みして、何を飲むか決めさせてよ」

アリス「まだフラッペが欲しい？」

クリフ「うん。でも、いつものラテを頼むことにするよ。催眠術師がぼくにフラッペを欲しがらせたとしても、美味しく飲めるようにできるとは思えないからね」

　クリフはラテを注文しに行き、別の友人・デブ[*3]が椅子を引いて座る。

デブ「クリフの様子が変ね。戸惑っているというか。何かあった？」
ボブ「今日、催眠術の実験があったんだって。たぶんそのせいだ。でも、ぼくたちは自由意志についいて話をしてて、それでぼくもちょっと当惑させられてしまった。ぼくたちの議論がクリフにも同じような影響を与えたのかもね」
デブ「自由意志ねえ。わたしたちは自由意志を持ってるの？」
アリス「（わたしたちの議論は）とてもそんなところまでたどりついてないけど、話のスタート地点には近いわね。『自由意志』が何を意味しうるかについて話してたのよ」
デブ「なんて偶然！　わたしはけさ、その話題について哲学の教授が書いた『ファイ・カッパ・サイ・フォーラム』誌の短い記事を読んだの。それ、まだわたしのバックパックにあるわ」

デブが雑誌をひっぱりだしているときクリフが戻ってきた。フラッペをすすっている。

クリフ「フラッペが好きだと思わないだろうってことはわかっていたんだけどな」
ボブ「なんでそれを注文したわけ？　ラテに決めたと思っていたのに」
クリフ「ああ、結局コイントスで決めることにしたんだけど、フラッペと出たんだよ。まだ自由意志について話してるの？」

＊3　デブ　「デーブ」の誤植ではなく、原語はDebで、デボラという女性名の愛称。

アリス「そうよ。それでデブが、哲学の教授がそれについて言っていることを話してくれるところ」
クリフ「彼女の名前は？」
デブ「彼よ。アルフレッド・ミーリー」
クリフ「聞いたことがないな」
アリス「そうね、わたしもその人のことを聞いたことがないけど、何を言ってるの？」
デブ「彼は〝自由意志〟が何を意味するか理解する三つの違う仕方を説明してるの。ガソリンスタンドになぞらえてね。ガソリンに、レギュラー、ミドル、プレミアムがあるでしょ。自由意志の意味にもその三つがあるというわけ」
クリフ「ということは、いくつかの意味はほかの意味よりお高いわけか？　でなきゃ、何だろう？」
ボブ「おいおい、自由意志《フリーウィル》は無料《フリー》か、少なくとも安いはずじゃないの？　ガソリンは高いけどね」
アリス「その哲学者の言いぶんを聞いてみましょうよ」
デブ「短い記事だし、細かいことまで書いてないけど、それはもしかしたらわたしたちでできるかも」

アリス「そうなるかもね」

デブ「〝自由意志〟の最も安価な意味は、操作（manipulate）されているのではない、強要や強制をされているのでもない、一人前の決定者であることに関わる。その人は催眠術をかけられてもいないし、銃口を頭に突きつけられてもいないし、脅迫されてもいない、などなど。その人は何か――たとえば、今晩をどのようにすごすか――について決定する必要があり、それについて情報を与えられたうえで決定を下すことができ、そして決定する。彼は理由――よい点も悪い点も――を衡量し、それに基づいて決定する」

クリフ「ねえ、今晩ぼくたちは何をしようか？」

アリス「あとで決められるでしょ？　クリフ」

クリフ「よし、哲学に戻るか。この自由意志は本当に安っぽいね。もしこれですべてだとしたら、ぼくたちはみんな持っている。そうだよね？　例の自由意志対決定論っていう昔からある話はどうなるの？　もし決定論が正しくても、あいかわらず情報を与えられたうえで決定を下す一人前の決定者は存在するし、ふつう人は催眠術をかけられたり脅迫されたりはしていない。でも、決定論は自由意志を不可能にするんじゃない？」

ボブ「きみは『決定論』で何を意味しているんだい、クリフ？」

クリフ「二、三年前に高校の物理の先生がこんなふうに説明してくれた。決定論とは、それが五〇年前であれ、ビッグバンの直後であれ、どんなある一時点における宇宙の完全な記述であっても、あらゆる自然法則の完全なリストとあいまって、これから起こるすべてのことを含め、それ以外の、宇宙についてのすべての真なことを含意する、という考えかただよ」

ボブ『含意する』（という言葉）は何を意味しているのかな？」

クリフ「基本的な考えかたはこうさ。ある言明が別の言明を含意する、というのは、一番目の言明が真であれば、二番目の言明も真であるということが必然的だということ。『言明Aは言明Bを含意するか？』と問うてみる。二番目の言明（B）が真であることなしに一番目の言明（A）が真であることがどうしてもありえないなら、答えはイエスだ。だから言明Aを、一〇億年前の宇宙の完全な記述およびすべての自然法則の完全なリストとし、言明Bを、一〇秒後にエドが入ってきて『やあ』と言う、という言明だとすれば……」

別の友人のエドがコーヒーショップに入ってくる。

エド「やあ」

ボブ「エドが来るのを見てたんだろ、クリフ？　だまされないぞ」

クリフ「そうかもしれないし、そうでないかもしれない。おい、エド、椅子持ってこいよ」

デブ「ハーイ、エド。クリフ、最後まで言って。わたしは理解してるつもりだけど、確認したいのよ」

クリフ「時制を変えて最後まで言うよ。もし決定論が真であるならば、エドが実際ここに入ってきたときにエドがここに入ってくることなしに、さっきの文の言明Ａ（一〇億年前の宇宙の完全な記述およびすべての自然法則の完全なリスト）が真であるということは、どのようにも可能でないわけだ」

ボブ「決定論が、きみにいろいろな行動を強制しているのかな？」

クリフ「いや、全然。決定論は力じゃない。決定論は、言明Ａみたいな宇宙についての言明が、ほかのすべての真の言明を含意する場合の宇宙のありかたにすぎないんだ。含意の別の例にはこんなのもある。自由意志にも決定論にもまったく関係ない例。言明Ａを『ここにテーブルと椅子がある』、言明Ｂを『ここにテーブルがある』としよう。言明Ａは言明Ｂを含意する。なぜならＢが真であることなしにＡが真でありようはないから」

エド「みんな何の話をしてるんだい？」

アリス「脳科学者のチームが人間は自由意志を持ってないと証明したって記事を読んでいるって話を、わたしがボブにしたのがすべてのはじまり。やっと『自由意志』が何を意味するかって話になったところで、デブが自分が読んだ自由意志についての記事の話をはじめたのね。その筆者は哲学の教授でね。『自由意志』の三つの別々の意味について語ってるのよ。デブがそのうちのひとつを説明してくれたんだけど、そしたらクリフは、それだと自由意志にはならないって言うわけ。決定論を排除しないからだって」

エド「ああ、なるほど、両立論だね。自由意志と決定論は両立するっていう見方」

ボブ「その言葉はいまひねりだしたのかい？」

エド「いや、哲学の授業で習ったんだ。哲学の教授連は、pとか、qとか、～主義とか、～論とか好きだよね」

ボブ「哲学の教授と哲学の授業をする院生の違いはわかる？」

エド「何？」

アリス「はいはい、男子諸君、この哲学教授のいう自由意志のふたつ目の意味に移らせてもらっていい？　この人の哲学的ガソリンスタンドだとミドル・ガソリンにあたるやつね。デブ、何て言ってたの？」

デブ「エドが両立論と呼んだものを受け入れようとしない人が――もしかしたらたくさん――いるってことを、この人は認識していた。だから決定論と両立しない自由意志の意味を説明しようとした。そこで彼は深い選択可能性（deep openness）と呼ぶものをレギュラーの自由意志に混ぜ入れたの」

アリス「何が念頭にあったのかしら？」

デブ「こんなふうにはじまるの。もしものごとが少し違っていたら、あなたが実際の決断と異なる決断をくだしただろうなというようなときもあるだろう。たとえば、クリフの機嫌がもうちょっとよければ、エドにコーヒーをおごってあげようと決めたかもしれない。でも、これは深い選択可能性というには十分じゃない。必要なのは、あらゆることが――機嫌も、思考・感情の全体も、脳の状態も、環境も、まさに、宇宙全体と歴史のすべても――現実のそのときとまったく同じだとして、なお複数の選択肢がひらかれていることなのだ」

クリフ「とすると、彼の言っていることには、もし決定論が本当だとしたらこの手の自由意志を人々が持っていないってことが含まれるな。もし決定論が本当なら、決定をする前の状況が少し違えば、違う決定をしたかもしれない。たとえば、もし気分が少しよかったり――または悪かったり――したらね。もちろん決定論が本当なら、すでに起こったことを前提にするかぎり、状況が少したりとも違うはずはない。だけど……」

エド「それは単なる浅い選択可能性だと思うんだけど」

クリフ「そうだ。ぼくも言おうとしてたことだけど、もし決定論が本当ならば、決定する前の状況が完全に同じである場合、異なる決定は下しえない。しかし決定論がまちがっているなら、深い選択可能性への扉はひらかれている」

デブ「まさにそういうことよ。『自由意志』のこの二番目の意味は、第一の意味につけ足しをするの。つまり、もう一度、操作も強制も脅迫もされてない一人前の決定者を想定して、そこに深い選択可能性をつけ加える。もしその人が情報に基づいて決定を下し、しかもその人がまさにそのとき、別の決定をすることができたのであれば、その人はそのときこの種の自由意志を持っている」

アリス「そしてあなたが『別の決定を下すことができた』というのは、決定前の状況がちょっと違っていたら別の決定をしたかもしれないという意味じゃないわよね？　あなたが言ってるのは、その人の状況が正確に同じだったとしても別の決定ができたということね」

デブ「そのとおりよ」

エド「哲学教授にはこれがホントに好きな人もいるのを思いだしちゃったよ。可能世界だ。平行宇宙みたいなものだけど、厳密にはそうじゃない。ともあれ、ぼくたちが話している決定者――ジーク[*4]と呼ぶことにしよう――についてのその論点をこう表現することができる。現実世界では、ジークは今夜ビリヤードをやりにウェアハウス[*5]に行くと決めた。しかし、彼がウェアハウスに行くと決めた瞬間までの――ビッグバン以降の――すべての状況が同一な別の可能世界では、別のことが起こった。ウェアハウスに行くんじゃなくて、家にいて勉強すると決めたのかもしれないし、何をしようかしばらく考えていたとか、何でもいいんだけどね。重要なのは、彼が別のことが起こるような決定をする前の状況が違っていなくてもいいってことだ。それが深い選択可能性とかいうもんなんだ」

ボブ「ぼくには何だか無作為的に思えるな。ジークの脳味噌がコイントスしたりサイコロを投げたり、いろいろしてるみたいにさ」

デブ「そうね、たしかに奇妙に聞こえるわ。でも、それについて話す前に、『自由意志』の三番目の意味を説明したほうがいいかしらね？」

クリフ「ねえ、ぼくたち今夜、ウェアハウスに行ったほうがいいかもよ。ジークが誰だか知らないけど、ばったり会うかもしれない」

アリス「今夜のことは、あとで決めましょ。わたしは『自由意志』の三番目の意味を聞きたいのよ」

ボブ「ＯＫ。デブ、がんばってね」

デブ「第三の意味、つまりプレミアム・ガソリンにあたるものを手に入れるために、その教授は二番目の意味にあるものをつけ加えるの——物質的でないものとしての魂ないし心を」

ボブ「それじゃ自由意志が超自然的になってしまうよ」

デブ「そうね。教授氏は『自由意志』のこの意味をあまり気に入っていないようだけど、とに

＊４　ジーク　Zeke　エゼキエルの愛称。

＊５　ウェアハウス　タラハシーに実在する古い倉庫を改造したビリヤード場・バー。かなり老朽化し、プールバーというほどおしゃれではないが、フロリダ州立大学からほど近く、学生のたまり場になっているらしい。

かく紹介しているわ」

ボブ「本当に深い話になってきてるね。ぼくには深すぎるくらいさ。それに、もう行かなくちゃ。バイトがあるんだ。今夜ウェアハウスに集まるってのはどう？」

少しふざけあったあと、全員一致で、一〇時にウェアハウスに集まることになった。

第2章 レギュラーの自由意志

月曜の夜に

場面は古いビリヤード場兼バー〝ウェアハウス〟のなか、アリスとボブが座って友人たちを待っている。

アリス「午後の議論は楽しかったわね。あなたは『自由意志』のあの三つの意味のうち、どれがいちばんいいと思った？」
ボブ「いまはまだ決めずにいるよ。もっとよく理解したら態度を変えるかもしれないけど」
アリス「言いたいことはわかるわ。わたしも同じように感じてるし」

デブとクリフが入ってくる。つづいてエドも。

クリフ「ビリヤード、誰かやらない？」
エド「雨になりそうだね。屋根から一部のビリヤード台に雨水が漏れてくるかも。プールバーの『プール』の意味が違ってきちゃうよ。水上ビリヤードはあんまし楽しくないな」
ボブ「『雨になりそうだ』って言うとき、その主語は何を指すんだろう」

エド「知らないよ。空かな。もしかしたら『雨が降っている』というように雨かもね。ボブが哲学したい気分だってことはわかるよ。『自由意志』の話でそうなったのかな?」

アリス「ボブとわたしはちょうどその話をしていたの。あなたたちは、午後デブが説明してくれた『自由意志』の三つの意味のうち、気に入ったのはある?」

クリフ「考えれば考えるほど最初のやつが好きになったよ。エドが両立論と呼んだ、レギュラー・ガソリンにあたるやつさ。すごく地に足がついている。何もいんちきがない場合に、合理的に、情報を与えられた上で決定を下すこと、これで十分だとぼくは思う。もし深い選択可能性が何だか奇妙なランダム(無作為)性を伴うのでないようなら、二番目のミドルクラスの自由意志を選ぶかもしれないけどね」

ボブ「でも両立論は、自由意志と決定論が両立するという考えで、それは言葉の矛盾だろ。定義上、決定論に自由意志の余地はない」

エド「どんな定義で? ひょっとすると一部の人が決定論(という言葉)で意味してるのは、『自由意志をありえないものとする何か』、ってことにすぎないのかもしれないよ。でも、ぼくにはそれがどうして、ぼくたちが今日の午後話した決定論の意味するところの一部なのかわからない」

ボブ「思いださせてくれる?」

エド「クリフの高校の物理の先生の話が元ネタだったよね。クリフのほうがよくおぼえてるんじゃないかな」

クリフ「任意の時点――たとえば、ビッグバンのすぐあと――での宇宙の完全な記述は、全自然法則の完全なリストとあいまって、宇宙についてのあらゆる真なことを、未来のいつか起きることをも含めて、含意するっていう考えかただ」

ボブ「そうだ、思いだしたよ。それからクリフは、エドをダシにした〝含意〟の例を挙げたんだったね」

クリフ「そうだよ。問：ある言明――pとしよう――がほかの言明――こちらはqとする――を含意するのはどんなときか？　答：どのようにしてもqが真となることなくpが真になることがありえないとき。だからpを、一〇億年前の宇宙の完全な記述とすべての自然法則の完全なリストとし、qを、いまから一〇秒後にフランが入ってきて『あら、みんな』と言う、とすれば……」

別の友人フランがこの古いビリヤード場に入ってくる。雨が降っている。〝ウェアハウス〟の従業員ふたり（ジョージとタッカー）が、いくつかのビリヤード台に防水シートをかぶせ、雨水が漏れ落ちているところにゴミ箱を置いている。

フラン「あら、みんな」

ボブ「同じ手を二度も使うなよ、クリフ。きみはフランが来るのを見た。そしてきみは、フランがぼくたちに会うといつも『あら、みんな』と言うことを知っている」

クリフ「そうかもしれないし、そうでないかもしれない」

ボブ「とにかく思いだしたよ。もし決定論が本当ならば、(実際に)フランが一分前に入ってきたことを前提にした上でだけれど、フランがここに入ってきて、いつものように『あら、みんな』と言うことも真であることを伴わずに、p——過去とすべての自然法則についてのあの言明——が真であることはない」

フラン「みんな、いったい何の(What on earth)話をしているの?」

デブ「そうねえ、全然地球の話ではないかもね。少なくとも、わたしたちのこの宇宙の地球の話じゃないの。わたしは決定論はまちがいだと思う。わたしたちは決定論と自由意志の話をしているのよ」

フラン「いけてるわね。でも変よね——みんなにしては。何があったの? 催眠術にでもかけられたの」

クリフ「そのことは、また別の機会に話すよ」

ボブ「よし。きみが定義するような決定論が自由意志をありえないものとするのは本当にまったく自明である、といえないことは認めてもいい。だけど、それでも自由意志を持つためには、現実に行うのとは違うことを――少なくとも、ときには――行うことができる必要が本当はあるんじゃないか？　たとえばフランがぼくたちに会ったときに言うことについて自由意志を持つといえるためには、フランが、すくなくともたまには、『あら、みんな』以外のことを言うことができるのでなくちゃいけないんじゃないかな？」

フラン「みんな何を話してるの？　わたしそんなに『あら、みんな』って言ってる？」

みんな笑った。

クリフ「違う行為ができるってことだけど……よくわからんな。エドが入ってきたすぐあとに、ぼくたちが知らないうちに、タッカーとジョージがドアを締めて鍵をかけたと想像してみてくれ。ぼくたちはここに楽しく座って、あの古代ギリシア人たちのようにせっせと哲学した。ぼくたちは〝ウェアハウス〟のなかにいつづけた。でも、ぼくたちは（出ようとしても）出られなかったんだ――少なくともジョージとタッカーを見つけて鍵を開けてもらわなければね。だが、それでも、ぼくたちは自由意志でここにいただろうな。実は出られなかった、というのは問題にならない」

アリス「よく考えられてるわ。でも、わたしは自由意志を、雨漏りする古いプールバーにいつづけることより、選択とか決定に関わるものだって思ってるの。（その話でいうと、）わたしたちはここにいつづけることを選んだんだから、自由意志でここにいたのかもしれないわね。だけど、出ていくことを選ぶことだってできたのよ。自由意志で選択するってことは、その代わりに別のことを選択できるってことに依存してるのかもよ」

ボブ「でも、ドアに鍵がかかっていたとしたら、出ていくことは選べなかったことになる」

デブ「わたしたちは確かに出ていくことを選べたのよ。ただ、もし出ていこうとしたら、鍵がかけられて閉じこめられたことを発見しただろうってだけ。わたしたちはうまく行かないことを選択するときもあるわ。昨日わたしは車で、姉の家へ行くよりもビーチへ行くことを選んだの。でも結局どこにも行けなかった。車が動かなかったのよ」

エド「それはお気の毒。いまはもう動くの？」

デブ「ううん、修理屋さんのところにある」

フラン「友だちが教えてくれた話を思いだしたわ。哲学専攻の友だち。彼はそれをフランクファート流のエピソードって言ってた。ハリー・フランクファートっていう哲学の教授にちなんでそう呼ばれるんですって」

ボブ「おお、その名前は知ってるよ。二、三年前に、『デイリー・ショー』で見たことがある。でも、そのとき彼は『ウンコな議論』(*On Bullshit*)って自分の本についてしゃべっていて、自由意志についてしゃべっていたんじゃないけどね。その話ってウンコな議論についての話？」

フラン「違うわ。自由意志についてよ」

アリス「まあ、聞いてみましょうよ」

フラン「強力な精霊がいて、あなたの心を読めるし、あなたが何を選ぼうとしているかもわかるの。精霊は、あなたにいろんなことを選択をさせることだってできる。精霊がそうしたければね」

アリス「すでにウンコな議論っぽいね」

ボブ「やめてよ、ボブ。話を聞きましょうよ」

フラン「この精霊はどうしてもしなくちゃならないとき以外は介入したくなかった。彼女はジョーンズって男にデブの車を盗むという選択をさせたかった。ジョーンズの脳をいじくればそうさせられるけど、介入なしに彼が自分でそうすることを選ぶなら、そのほうがいいと思ったのね。だから精霊はジョーンズがどういう行為を選択するか見守った。そして彼が車を盗むという選択をしようとしているのを見た。だから精霊は手を引いて待つだけにしたわけ。ジョーンズは自分でデブの車を盗むという選択をする。精霊がジョーンズにその選択をさせるわけじゃない。でも、もし彼が自分ではその選択をしないだろうって精霊が見てとったら、精霊は彼にその選択をさせたでしょうね」

クリフ「わかった。ジョーンズはデブの車を盗むという選択を避けようがないんだ。自分でその選択をするか、精霊にその選択をさせられるか。そのほかの可能性はない」

ボブ「でもさ、なぜ、ジョーンズがその行為を選択したときには自由意志を持っていたと考えるべきなんだい？」

フラン「こういうことだと思われているんだと思う。まず、ジョーンズの世界では多くの人が自由意志を持っていると想像してみてね。それからジョーンズも、普通の状態では自由意志を持ってると想像するの。ジョーンズの状態は、こそこそする精霊につきまとわれているときと、そうでないときでは違う。でも精霊は実際には介入しない。ジョーンズは精霊が彼の心を読んでないときと同じように選択した。だから彼が普通の状態では自由に選択しているというなら、この選択も自由にするということよ」

ボブ「まだわからないなあ」

アリス「こういう見方もあるわ、ボブ。その話から精霊だけとり除いちゃって、ほかはぜんぶそのままにするの。ジョーンズはデブの車を盗むことを、自分で——彼自身の自由意志で、フランの言いかただと、自由に——選択するわね。そこで精霊を話のなかに戻して、フランがわたしたちに話してくれたお話のなかで精霊がやったことをぜんぶやってもらう。でも精霊は横槍は入れない——ジョーンズが選ぶことを（わざわざ）選ばせることはしないの。だから精霊を話のなかに戻したところで、ジョーンズの選択が自由なものから自由でないものに変わることはありえないわけ」

ボブ「ＯＫ、わかったよ。でも、ジョーンズはどうやってデブの車を盗むんだい？　動かないんだよ。運転して持ち去ることはできないよ」

アリス「わたしたちはジョーンズが車を盗むのを選択するってところに焦点を絞ってるのよ。だけど、あなたが実際に盗ませたいっていうなら、車は修理済みだってことをお話のなかに入れてもいいわ」

デブ「車はしばらく壊れたままにしておきましょうよ。盗まれたくないから」

〝ウェアハウス〟の扉が動かなくなって、外へ出られないと文句を言っているのが聞こえた。時間はかかったが、タッカーが問題を解決した。雨は一層激しく降っている。

ボブ「もしかして精霊がドアに鍵をかけたのかな。ところで、彼女の名前は何ていうの？」

エド「サリーと呼ぼうよ。ぼくたちの友だちで最もスピリチュアルな彼女にちなんで」

アリス「いい考えね」

ボブ「あのね、ぼくたちの自由意志についての議論はね、今日の午後アリスがぼくに、自由意志が幻想であることを証明したという脳科学者のグループの話をしてはじまったんだ。でも、ぼくたちが話してきたことは、科学というより、ＳＦかファンタジーみたいじゃないか。ぼくはまだその脳科学者たちに興味があるんだ」

アリス「話はそのうち、まちがいなくそこに戻るわ。でも、わたしたちが『自由意志』で何を意味しているかについて、かなりの理解を持つ必要があるってことには同意するでしょ？　そのあとようやく、わたしたちがどんな自由意志すら持っていないとその科学者たちが証明したかどうかを、はっきりさせることができるんだから」

ボブ「それはそうだね。それに、何はともあれ、ＳＦはおもしろいこともありうるし」

デブ「わたしはフランの話を（ちゃんと）理解してると思うけれど、それでも決定論は自由意志を不可能にするとまだ強く感じるの。決定論がクリフの物理の先生が言うところの意味の場合でもね。フランの話はどんな宇宙での設定なのかしら。もしその宇宙で決定論が正しいのだとしたら、ジョーンズは普通の状況でも――つまり精霊のサリーが近くにひそんでいない場合でも――自由意志を持っていない、とわたしは言うわ」

ボブ「ジョーンズの宇宙は決定論的じゃないとして、この話がどういうことになるか考えてみることはできるよね」

クリフ「でも、それじゃあ、ぼくたちは両立論から離れて、ミドルクラスの自由意志に行ってしまわないか？　深い選択可能性に依存する自由意志って考えかただよ」

ボブ「そうなるかもね」

アリス「わたしもそう思う。（ところで）デブ、あなたはなんで決定論が自由意志を不可能にするってそこまで確信しているの？」

デブ「別の思考実験を試してみましょう。こんな話よ。ダイアナは女神で、彼女の存在する宇宙では決定論は真。そこにはたくさんの人間も住んでいる。ダイアナはそれらの人間のうち誰ひとり創造したわけではないけれど、いまひとりの人間を創造したいと思ってる。実は彼女は、アーニーっていう男性の生涯を、幼少時代から八〇歳の死に至るまで年代順に描いた小説を書いたことがあるの。小説ではアーニーはあらゆるたぐいのことをする。当然のことだけどね。ダイアナはそれらのことをすべて、そして、それ以上のこともやりとげる人間を創造したいわけ。

ボブ「ダイアナはどういうふうにするのさ？」

デブ「ダイアナはすべての自然法則を知っているし、先週彼女の宇宙で何がどうなっていたかもすべて知っているわ。ダイアナはこういう知識から次のことを演繹するの。彼女がある特定の仕方で接合子[*1]をつくりだし、ある特定の時点に、ある特定の女性——メリー（マリア）——の子宮壁に着床させれば、それはアーニーへと成長し、彼女がアーニーにやってもらいたいすべてのことを行う」

ボブ「ダイアナはどうやって接合子をつくるわけ？」

デブ「あら、ある特定の仕方で原子をこねくりあわせるのよ。わたしはどうするのか知らない

＊1　接合子　二個の配偶子（生殖細胞）の接合により生じた細胞で未分裂のものを指す。具体的には、受精卵。

けど、ダイアナは知ってるわ」

クリフ「それで、どうやって子宮に着床させるんだい？」

デブ「ダイアナは女神さまよ。やりかたなんて考えつくわ。そして、すべては正確に計画どおりになるの。自然法則に関する完璧な知識と彼女のいる決定論的宇宙の先週の状態に関する完璧な知識のおかげで、ダイアナは、アーニーが彼女の小説のなかで行うすべてのことを人生のなかで行う存在者を創造する仕方を演繹できるし、その存在者をつくりだす技術的能力も持っているということよ」

ボブ「ダイアナはアーニーを創造したあとで、道を踏み外さないように、ときどき彼に横槍を入れる必要はあるの？」

デブ「ないわ。ダイアナがアーニーを創造するとき、彼女はすでに彼がこれから行うことはぜんぶ知ってるし、ダイアナが一度も横槍を入れなくても彼がそれらすべてを行うということも知ってるからね。ダイアナはこれらすべてのことを、自然法則と、アーニーを創造するちょっと前の宇宙の状態の知識から演繹するのよ」

ボブ「ＯＫ、わかった。それでこのことを、決定論が自由意志を不可能にするかどうかという問いに、どうあてはめればいいのかな？」

デブ「哲学的ガソリンスタンドのレギュラーガソリンの自由意志って考えかたを思いだしてよ。

あの考えかたは、操られてもいないし、強制も強要もされていない一人前の決定者であることを強調するでしょ。その人は催眠術をかけられてもいないし、誰もその人の頭に銃口を突きつけてもいないし、その人を脅迫してもいない、などなど。その人は何かについて決定する必要があって、それについて情報に基づく決定を下すことが可能で、そして（実際）決定をする。そんなふうに自由意志を理解するなら、いま私が説明したような人は、決定するときに自由意志を持っているわよね」

エド「そうだね。そしてもし決定論が正しいとしても、そういう人は存在しうる」

デブ「そうなの。私の話のなかでは、アーニーがそういう人なの。だから自由意志をレ、ギ、ュ、ラ、ーなふうに――両立論的に――理解するなら、アーニーは自由にたくさんのことを行うというべきよね。でも、そうなのかな？　みんなはどう思う？」

ボブ「ぼくはアーニーを自由な行為者とはみなさないな。ダイアナの道具のように、ぼくには見える。アーニーが行うすべてのことを行うようにダイアナが彼をつくったんだ。いったん存在したら、もう強要も強制もされず、操られてもいない。たくさん合理的な決定をする一人前の決定者へと成長するね。だけど、それらの決定のどれをとっても、どう自由といえるのかがわからない」

フラン「わたしも同意する方向。アーニーは自由意志を持っているように見えないわ。一種の操り人形のように見える——考え、決定する操り人形。とにかく彼がどんな人生を送るか——何を行うかのすべても——ダイアナが前もって決めているわけでしょ。ちょうど小説のなかのアーニーが何をするか、ダイアナが前もって決めたみたいに」

デブ「そうすると、少なくともわたしたちのうち何人かは、アーニーが自由意志を持たないと考えるか、そう感じるわけね。じゃあ、アーニーを別の誰かと比べてみましょう。新しいお話はこうよ。ときはさかのぼって、ダイアナがどうやってアーニーを創造しようか考えていたときのこと、彼女は自然法則と彼女の宇宙の一週間前の状態についての知識から、ある夫婦に、バーニーと名づけられることになるひとりの赤ちゃんが——普通の仕方で——生まれることを演繹したの。驚くべきことに、ダイアナは、バーニーが彼女の小説のなかでアーニーが行うことをすべて行うってことも演繹した。まったく同じ時刻、同じ場所でね。ダイアナはバーニーという名前については気にしていなかった——実際「バーニー」というのを、自分の（小説の）キャラクターの名前にしてもよかったかな、と考えたくらいよ。それでダイアナはわざわざアーニーを創造するのはやめて、その才能あふれる頭脳をそれ以外のことを行うために使うことにしたってわけ」

ボブ「ということは、ダイアナはバーニーをつくらなかった。バーニーは単に、愛か、情欲か、場合によっては、その両方の産物だった。でも彼のいる宇宙では決定論は真だ。そしてダイアナは、自分のやってほしいことすべてをバーニーがやってくれると演繹したので、わざわざアーニーをつくることはしなかった。これで合ってる？」

エド「そしてぼくたちは、アーニーがそうだったように、バーニーも合理的な決定をすることが多い、などなど、一人前の決定者と仮定すべき。そうだろ？」

デブ「そうよ。どちらの点も正しいわ。じゃあ、バーニーは自由意志を持つのかな？　バーニーが存在するに至った仕方――通常の有性生殖――と、アーニーが存在するに至った仕方の違いは、一方は自由意志を持ち、他方は欠くといった違いを生じさせるようなものなのかしらね？」

エド「こういう考えはどうかな？　どのくらいいい考えかよくわからないけどさ。バーニーの生涯とアーニーの生涯とがまったく同じようになると仮定する。アーニーもバーニーも自分が存在するに至る仕方に口は出せなかった。ふたりが生まれる前に存在していたものについても、何も口を出せなかった。自然法則についてもどうにもできなかった。これらの点では、ふたりは同等なんだ。そして彼らはまったく同じ行動をし、同じ決定を下す。だから、ふたりとも自由意志を持っているとするか、ふたりとも持っていないとするか、どちらかだとぼくは言いたい。一方はつくられ、他方は有性生殖の産物というのは本当だよ。だけど、そんなたったひとつの違いが、一方は自由意志を持ってるけど、他方は持たないなんて帰結をどうして生じうるのか、ぼくにはさっぱりわからないんだ」

アリス「アーニーとバーニーの違いにはそれ以上のものがあるわ。アーニーはただつくられたんじゃない。彼が行うすべてのことを行うようにつくられたのよ」

エド「それはわかってるさ。だけど、もしアーニーが行うようにとダイアナが計画したことをすべてアーニーが行うのが不可避だったなら、バーニーだっておんなじことを行うのは同様に不可避だったよ。どちらの場合も、彼らが行うことになる――そして、もちろん、行うと決めることになる――ことは、自然法則とはるか昔の宇宙の状態の組みあわせによって決定された。そう考えれば、ふたりとも等しく自由でないと言いたいね」

クリフ「アーニーとバーニーについてのぼくの見方は違うな。自由意志についてのぼくの考えかただと、自由意志ってのは、ぼくたちが自分のすることに対して道徳的責任を持つために必要な何かだ。ぼくが道徳的責任を持つってことで思っているのは、こんな感じのことだよ。自分が悪い行為を行えば、道徳的観点から非難されるに値するし、善い行為を行えば、同じ観点から何らかの賞賛に値するってこと。だからバーニーが自分が行ったことによって非難に値するならば、ぼくの自由意志の理解からすれば、彼は自由意志を持っているんだ――少なくとも、どこか適切な時点では持っていたんだ」

ボブ「なぜ？」

クリフ「道徳的にいって非難されるに値することと、道徳的責任一般は、自由意志に依存するからだよ」

ボブ「どこへ話を持って行きたいのかな？」

クリフ「アーニーのやることなすことすべてについて、実は、ダイアナに道徳的責任があるんだから、アーニーが何をするにしても彼自身に道徳的責任がないというのはわかる。結局、彼がそのすべてを行うようにダイアナが彼をつくったんだし、彼女の計画には失敗の余地がなかった。彼がそれらを行ったのは、彼の創造主としてのダイアナの行為の不可避的な帰結だった。もし何に対してもアーニーに道徳的責任がないなら、彼には自由意志がないのかもしれない。だが、バーニーはどうだ。彼の話には、自分の生きかたについて道徳的責任をとる他者は含まれていない。だから彼のやることのいくつか――あるいは、ほとんど、または、ぜんぶ――に対しては、彼自身に道徳的責任があるのかもしれない。そうであれば、バーニーには自由意志があるわけだ」

ボブ「そうするときみは、アーニーとバーニーには重大な違いがあることを見つけた、と言っているんだね。アーニーは自由意志を持っていないのに、バーニーが自由意志を持ちうるのはどうしてか説明する違いを」

クリフ「そうだ。アーニーじゃなくダイアナが、アーニーのやることに道徳的責任を持っているんだけど、ほかの誰でもない、バーニーその人がバーニーのやることに道徳的責任を持っているということさ」

ボブ「そしてきみはつづけて、道徳的責任は自由意志に依存しているから、たとえアーニーが自由意志を持たないとしても、バーニーは持つというわけだ」

クリフ「まったくそのとおり」

アリス「それは興味深い考えかただわ。でも、デブの話にちょっと何かをつけ加えれば対応できる。そうね、どれだけ頭がいいとしても、ダイアナは完全に正気を失っているとしましょうか。彼女は道徳性をまったく理解してない、つまり、正しいこととまちがったことを区別できないとしましょう。すると、彼女は何に対しても道徳的責任がないし、ダイアナを道徳に縛りつけて、アーニーを道徳から解放することはできないのよ」

クリフ「なるほど。ぼくの議論はふりだしに戻ったか。だが、ぼくにはまだ、たとえアーニーが自由意志を持っていなくても、バーニーは持っているかもしれないという感じがある。この感じを正当化するものがもしあれば、それについて考えなきゃいけないだろうな……ま、実は、別の感覚もおぼえはじめているんだ。アーニーも自由意志を持っているという感覚を」

デブ「感覚はだんだん整理されていくわよ、クリフ。心配しないで」

アリス「時間が思ってたより遅いわ。すぐ帰る」

ボブ「ぼくも。みんな、あしたコーヒーショップでね」

アリスとボブは「じゃあね」と言って帰っていく。そのほかの仲間たちはもうしばらくおしゃべりをつづけて、帰る。

第3章 ミドルクラスの自由意志

火曜の午後の話

場面：アリスとボブがお気に入りのコーヒーショップに戻ってきている。

アリス「ほかの人ももうすぐ来ると思うわ。もしみんなが自由意志について話したいなら、ミドルクラスの意味に話を移すべきかもね。きっとレギュラーの自由意志について言うべきこともっとあると思うけど、自由意志が幻想だっていう脳科学者の主張に戻る前に、場合わけしておくのがいいんじゃないかしら」

ボブ「いい考えだと思うし、ぼくたちにはそうする自由があると言いたいね。もちろん、『自由』のどの意味においてかは考えなきゃね」

フランが近づいてくる。つづいてデブ、クリフ、エドも。

フラン「こんにちは、親愛なる友たちよ。自由意志について話しているのかしら？」

ボブ「あれ、『あら、みんな』はどうしたんだい？」

フラン「新しい挨拶でみんなを驚かせたかったの」

ボブ「おまけに、上品だよね」

アリス「ボブとあたしは、ミドルクラスの自由意志に話を移してもいいかと考えてたところよ。みんながいいならね」

クリフ「ぼくはいいよ。アーニーとバーニーの話のことをまだ考えてるけど、ひょっとしたらあとでまた、レギュラーの自由意志に話が戻るかもしれないし」

アリスの提案した話題を受け入れて、フラン、デブ、クリフは、カウンターへコーヒーを注文しに行く。残った三人は、彼らが戻るまで快晴の天気についておしゃべりする。

ボブ「デブ、ミドルクラスの自由意志について少し思いださせてくれるかな？」

デブ「いいわ。基本的な考えかたは、レギュラーの自由意志に深い選択可能性と呼ばれるものを加えるというものよ」

ボブ「それで、それは何だっけ？　もう一回お願い」

デブ「決定者が深い選択可能性を持つのは、決定を下すまさにその直前まで、あらゆることがまったく同じと仮定しても、選択肢が複数ある場合よ。そして、『あらゆること』とは、あらゆることを意味するの――彼女の思考、感情、脳、環境――全宇宙とその全歴史はいうまでもなく、ね」

ボブ「ああ、思いだしたよ。ぼくにコーヒーをおごらないと決めた人間――たとえばクリフ

――は、機嫌がよかったらおごると決めたかもしれない。でも、それは深い選択可能性じゃない。ものごとが少し違ってたら何か別のことをしたかもしれない場合にあるたぐいの浅い選択可能性だよ。可能世界っていうすばらしい用語を使えば、ある世界で何かをしたとして、まさにその瞬間に至るまであらゆることが同じ別の世界で、かわりに何か別のことをする場合にのみ、きみは深い選択可能性を持っているわけだ」

クリフ「へえ！　本当によくわかってるなあ」

ボブ「催眠術をかけられてなきゃいいけど」

デブ「ボブ、このあいだミドルクラスの自由意志が話題にのぼったとき、それを聞くと、脳がコイントスしたりサイコロを振ったりするのが頭に浮かぶって言ってたわよね？」

ボブ「言ったよ。脳のなかにサイコロがあるイメージが浮かんでたんだ――片方は青色で、もう片方は赤。そして『これが深い選択可能性を持つあなたの脳です』って説明書きがついてた」

デブ「何に頭を悩ませてるのか説明してくれる？　クリフがコーヒーをおごってくれないことのほかに」

ボブ「昨晩〝ウェアハウス〟で、クリフが自由意志を道徳的責任と結びつけたのを思いだしてよ。道徳的責任を持つ――つまり道徳的観点から、ときには非難、ときには賞賛に値する人である――ためには、自由意志を持つ必要がある、とクリフは言ったよね。道徳的責任の観点から見たほうが、ぼくが何に悩んでるか、簡単にわかってもらえると思うし、その文脈で問題を見てもらえば、そこから自由意志の話へつなげられるさ」

エド「おもしろそうだ。やってみてよ」

ボブ「ボブという名だが、ぼくじゃない男の話をするよ。彼の町では、人々はよく賭けごとをした。フットボールの試合といった一般的なことについても賭けをしたけど、フットボールの試合開始のコイントスがいつ行われるかでも賭けをした。ボブは高校のフットボールの試合開始のコイントスを正午に行うと約束したけど、そのあとになって悪名高いギャンブラーのクリフが、五〇ドル払うから一二時二分までコイントスを待ってくれ、と言ってきたんだ……」

クリフ「おいおい、ぼくが賭けごとをしないのは知ってるだろ」

ボブ「別のクリフだよ。別人のボブと別人のクリフさ」

クリフ「わかった。ごめん。つづけてくれ」

ボブ「ボブはどうするか決心がつかなくて、正午が近づいても、依然ジレンマと格闘していた。五〇ドルには心が動いたけれど、クリフのイカサマをたすけるのには道徳的なためらいがあった。彼は自分がすると約束したことをすべきだと信じていた。それでも正午の時点で、彼は一二時二分にコインを投げようと決め、それまでポケットのなかのコインを探してるふりをすることにした」

クリフ「どうして彼はそうすることに決めたんだ?」

ボブ「話のその部分はもう少しあとで話すよ。まずひとつ質問がしたい。ミドルクラスの自由意志は深い選択可能性を要求することを心に留めておいてね。ぼくの質問は、もしその時点でボブに深い選択可能性があったら、ボブの決定は非難されるに値しうるかどうかってことさ」

クリフ「それで、きみの答えは?」

ボブ「これから説明するよ。ボブには正午の時点では深い選択可能性があったから、正午までの過去も同じ、自然法則も同じだけれど、正午においてボブが一二時二分にコイントスをするとは決心せず、何か他のことをする別の可能世界が存在する。そういう可能世界のなかには、ボブが正午にいますぐコインを投げようと決めるものもある。正午の時点で依然としてどうしようか考えている可能世界もある。可能性と見えるものの候補なら、そのほかにもたくさんある――ボブは正午に、コインを投げず、すぐさま「不屈《インヴィクトゥス》」*1を朗唱しようと決めるとか、コインを投げずにすぐさまジャンピングジャック運動*2をしようと決めるとか、そのほかいろいろね。こうした可能性と見えるものの候補は、ボブがこれらのことを正午にすることが、現実

*1　「不屈」　イギリスの詩人ウィリアム・アーネスト・ヘンリー（W. E. Henley 一八四九－一九〇三）の詩。

*2　ジャンピングジャック運動　挙手跳躍運動ともいう。準備運動の一種で、気をつけの姿勢から、ジャンプして足をひろげると同時に、伸ばした両腕で、頭の上で両手を叩きあわせるという運動をくりかえすもの。

世界の正午までの過去、および現実世界の自然法則と両立可能であるならば、真正な（genuine）可能性ということになる。真正な可能性というのは、（現実とは）異なる、過去の延長なんだよ」

クリフ「まるで別人が話してるみたいだ、ボブ。催眠術をかけられてるのかな？　だが、つづけてくれ。ぼくもきみに魔法をかけられているような感じがする」

ボブ「そりゃどうも。純粋に非決定論的な数発生器を想像してみてよ。五分間隔で、そのときまでの過去と自然法則に整合的なように、多くの数のなかから任意の数を発生させるか、そうでなければ、どんな数も発生させないんだ。それが正午に一七という数を発生させるのは、ものごとのありうる延長のひとつだし、そのほかの多くの数にも同じことがいえる。今日の正午に、その機械が三一という数を発生させたと想像してみてよ。もしぼくがそれを検証したら、ふたつのことを信じるだろう——その機械が三一という数を出力したのは、正午に至るまでの過去の、そうもありうる延長だったということ、そして正午に、そういう延長が現実になったということさ」

クリフ「きみが信じるそのふたつのことは自明じゃないかなあ」

ボブ「そうそう。さてボブが、一二時二分にコイントスをし、それまでのあいだポケットのコインを探すふりをしようと正午に決めた（要するに、イカサマをすると決めた）ことをぼくが検証するとしたら、ぼくは対応する一組の信念を持つことになる——ボブがイカサマをすると決めたのは、正午に至るまでの過去のありうる延長のひとつだったという信念、そして現実に正午に、そういう延長が現実になったという信念だよ。ボブにそのとき深い選択可能性があったとしたら、ありえた別の延長は、ボブが正午にすぐさまコインを投げると決めることであって、正午まで現実世界と同じ過去と同じ自然法則とを持つ別の世界では、それが起こることになるよね」

フラン「あなたがどこへ話を持っていこうとしているか、わかってるつもりよ。みんなも知ってるように、わたしは不当な非難には本当にいらいらするの。ボブの過去のありうる延長と、非決定論的な数発生器（の発生させる数）について（の事態）の、ありうる延長が似ている程度からすると、イカサマをするか、かわりに何か別のことをするかを、ボブがどんなふうに制御できているとしても、道徳的責任をとるために必要なほどにはまだ足りないんじゃないかと、わたしは心配になるのね」

ボブ「そうだね。ぼくがどこへ話を持っていこうとしているか、わかってるね」

フラン「ボブの話を肉づけしたバージョンを想像してちょうだい。この場合だと、ボブは、正しいことをするんだ、誘惑には負けないぞ、と自分自身を説得するのに最善の努力をするのに、正午の時点ではイカサマをすると決めてしまうのよ。正午まで同じ過去と同じ自然法則を持つ別の可能世界では、ボブの最善の努力は（イカサマをしないために）十分なものだった。つまり彼はコインをすぐさま投げようと正午の時点で決めるの。それらの世界は正午までの同じ歴史と同じ自然法則とを共有しているにもかかわらず、正午においてものごとが――道徳的に――こんなに違う結果になるってことは、ボブは、悪しき決定をするか、かわりに何か別のことをするかを、現実の決定に対して道徳的責任をとれるほど十分には制御できていないんだと、わたしに思わせるわ。結局、最善を尽くすなかで、正しい行動をしようと決定する（正午前での）確率を最大にするために、できるかぎりの最善の努力をして、それでもなおボブはイカサマをすることに決めたわけ。ボブの決定は、自分の決定に対して道徳的責任をとれるほど、ボブのせいじゃないでしょうね」

ボブ「ぼくじゃ、きみよりうまく説明できなかっただろうね、フラン。それで、自由意志との関係はこうだよ。ミドルクラスの自由意志は深い選択可能性に依存する。でも、決定時点における深い選択可能性は、道徳的責任に対して深刻な脅威をつきつける何かをともなうように見えるんだ。深い選択可能性がある人は、自分の行いに対する道徳的非難または賞賛に値するのに十分なほど、自分の行為を制御していないように思われる。でも、もし彼が本当に自由意志を持っているなら、彼は道徳的責任も持っているだろう。だから深い選択可能性は、実際には自由意志を不可能にするように見えるんだ」

エド「ぼくから見ると、その最後の部分はちょっと性急すぎるかな」

ボブ「最後の部分だけかい？」

エド「うん。深い選択可能性が道徳的責任を不可能にすることについて、なぜきみが悩んでいるかはわかるよ」

ボブ「わかったよ。こういう言いかたをしてみよう。深い選択可能性がボブの行いに対する彼の道徳的責任を不可能にするのは、その時点で彼が自由意志を持つのを不可能にする場合のみだ。なぜか？　もし、ボブがその時点で自由意志を持っているなら――まあ、実際は、それを持っていて行使するなら――彼はイカサマをすることに対して道徳的責任を持つからだ」

フラン「そのとおりだわ。もしボブがイカサマをしようと自由に決めるなら、彼は言いわけできない――彼はイカサマをしたことについて非難されるに値する。でも、ボブやわたしには、彼は非難されるに値しないように見える。だから彼はイカサマをしようと自由に決めたのではないと私たちには見えるわけ――少なくとも、ミッドグレーダーが言うように、自由意志が深い選択可能性に依存するならね」

クリフ「こりゃ変だね。きみはまるでミッドグレーダーが小学三年生[*3]――ひょっとしたらそれ

＊3　小学三年生　mid-grade free will（ミドルクラスの自由意志）を主張する人々を mid-graders（ミッドグレーダー）とフランが呼んだことに対して、クリフがそれでは、third graders（三年生）や kindergarteners（幼稚園児）のようだと茶化した。

どころか幼稚園児みたいに話してる。自由意志がそれに依存すると彼らが言う何か――つまり深い選択可能性――が、実際には自由意志を不可能にするときみは主張しているわけだな」

デブ「そんなことが可能なの？　もしXがY次第なら、YはXを不可能にできるかしら？」

エド「うん、できるよ。ただしXが存在しない場合だけどね。既婚独身者協会って聞いたことある？　彼らは、結婚してるし独身でもある男たちが存在すると信じているんだ」

クリフ「それはバカげてるだろ。独身者だってことは未婚であることによって決まる。そして、未婚（つまり誰とも結婚してない）であり、かつ同時に、既婚（つまり誰かと結婚してる）であることはできない」

エド「その言いかたはすごくいいよ。でも、それを既婚独身者協会の会員に言ったら、既婚独身者ってことは、既婚であり、かつ同時に、未婚であることによって決まるんだから、それによって既婚独身者であることは不可能とされえないって言うよ」

デブ「なるほど。XがYによって決まるなら、XはYによって不可能にされえないと示唆したのはまちがってたわ。結局、既婚独身者だってことは、誰とも結婚してないと同時に誰かと結婚していることによるわけで、でも、それは不可能だから、既婚独身者を不可能にするのよ」

エド「まさしくそのとおり」

デブ「でもボブ、あなたは深い選択可能性は不可能だって言ってるの？　既婚独身者みたいに」

ボブ「いや。可能だとは思うけど、深い選択可能性は自由意志を不可能にするんじゃないかと疑ってるんだ──少なくとも人間の決定に関するかぎりはね」

クリフ「ミッドグレーダーは、小学三年生がやりそうな単純ミスを犯してるってのか？」

ボブ「いや、それも違うんだ。ひょっとしたら彼らは、深い選択可能性のまさに最も深い深淵を十分深くのぞきこんでいないのかもしれない。それとも彼らは、なぜ深い選択可能性が道徳的責任と自由意志とを不可能にしないのか、説明できると考えてるのかもしれない。その説明はぜひ聞いてみたいんだ。そしたらぼくも、ミドルクラスの自由意志について安心できるよ。既婚独身者協会でぼくが言いたかったのは、ミッドグレーダーのように、『自由意志』の意味を深い選択可能性の要件を含むものとして理解するとしても、まさしくその要件が自由意志を不可能にするんじゃないかと懸念するのももっともだってことさ」

アリス「プレミアムの自由意志は、ボブの問題を解決するたすけになるはずなの？」

デブ「わたしもそうなのかなあって思ってたの。レギュラーの自由意志──つまり操られていない場合なんかに、情報に基づいた決定を行う一人前の決定者であること──に深い選択可能性を加えると、ミドルクラスの自由意志が得られる。そして、魂をミドルクラスの自由意志に加えると、プレミアムの自由意志が得られる」

ボブ「それがどう役に立つのかわからないよ。もし完全に物理的存在としての人間が、深い選択可能性がある場合に、自分の決定に対して道徳的責任を持ち、自由に決定するだけの十分なコントロールを自分の行いに対して持ってないとしたら、その人間に魂を加えることが何の役に立つのかわからないんだ。問題を起こしているのは深い選択可能性であって、完全に物理的存在であることじゃない」

アリス「もちろん信心深い人々はたくさんいるでしょ。あの人たちは、魂の存在を信じている。あの人たち——というか、あの人たちのほとんど——が、自由意志をプレミアム的にとらえているのかなあ、とわたしは思うけど」

フラン「わたしたちのなかにも信心深くて魂の存在を信じている人がきっといるわよ。わたしも魂の存在を信じているけど、自由意志に魂が必要だとは思わない。魂には別の目的があるの」

デブ「それを聞いて、わたしが出席した講義のことを思いだしちゃったわ。その講義には脳科学に関する話もあったけど、ほとんどの人が自由意志は魂があるかどうかによって決まると信じてるかどうかっていう話もあって……」

ボブ「この魂的な自由意志の考えかたに簡単な名前があるといいな。ミドルクラス的に自由意志を理解する人々には『ミッドグレーダー』があるよね。プレミアム的に理解する人には『トップシェルファー』[*4]でどう？」

クリフ「すごくいい。レギュラー的に理解する人々はどう呼ぶ？」

ボブ「レギ……ュ……ラー……リタス。レギュ……ラー……リタス。レギュラー……」

クリフ「いや、それはあまりにも言いづらいぞ。きみもいまわかっただろ」

ボブ「そうだね。『ローライダー』[*5]はどう？」

クリフ「これも非常にいい。というわけで、ローライダー、ミッドグレーダー、トップシェルファーってわけだ」

アリス「それでかまわないけど、あたしはデブがちょっと触れた講義のことを聞きたいわ」

デブ「ネットでずっと探してるのよ。探している途中で見つけたのがこれ。リード・モンタギューって神経生物学者のもの。『カレント・バイオロジー』(*Current Biology*)っていう学術誌に発表された記事からね。『自由意志とは、物理的過程にほんのわずかでも似ているものからは独立にわれわれが選択、思考をするという観念である。自由意志は魂という観念――「あなた」や、あなたの思考や感情が、われわれの身体を構成する物理的機構とは別の異なる存在に由来するという概念――に非常によく似たものである。この観点から見ると、あなたの選択は

＊４　トップシェルファー　top-shelf は、最高品質のという意味であり、top-shelfer（トップシェルファー）は最高品質のものを好んで選ぶ人といった意味になる。

＊５　ローライダー　low rider（ローライダー）は、通常は、車高を低く改造した車を指すが、ここではレギュラーの自由意志に類比されるレギュラーガソリンの安価さにかけてこう言われている。

物理的事象により引き起こされるのではなく、そのかわりに、記述不可能で物理的記述の対象範囲外のどこかから、完全に生じるのである。これは、自由意志が自然淘汰により進化したのではありえないことを含意する。というのは、そうであるなら、それが因果的に結合した事象の流れのなかに直接に配置されるだろうからである』」

ボブ「おお！　これはまた極端だな。本当にぶっとんでるよ。生物学者は、自分たちが『自由意志』の意味について特別な洞察を持ってると思ってるんだろうか？」

クリフ「『自由意志』が何を意味するかを自分が知っていると、どういうふうにして彼は考えてるのかと思うな。生物学を研究することで、どうやって『自由意志』の意味を見つけだすことができるのか、ぼくにはわからんね」

フラン「哲学の研究にも同じことがあてはまるかもよ」

アリス「かもしれない。でも、少なくとも哲学は、わたしたちに選択肢を与えてくれてるわ」

ボブ「そうだね――ローライダーになるか、ミッドグレーダーになるか、トップシェルファーになるか」

アリス「デブ、講義は見つかった？」

デブ「ううん、でもわたし、すごくよく覚えてると思うわよ。哲学の教授の講義で、人々が自由意志をどうとらえてるか証拠で示してくれたのね」

ボブ「彼女が大学院生じゃなかったのは確かかい？」
デブ「彼よ。うん、すごい確信があるわ。わたしのお父さんより年上に見えたくらいよ」
クリフ「どんな証拠？」
デブ「自由意志について勉強したことのない大学生を対象にした調査」
ボブ「ぼくたちのほとんどみたいだね」
デブ「学生に短い話を読ませたわけ。最初の部分はこんな感じ……二〇一九年、科学者たちはついに証明したのである。宇宙のありとあらゆることは物理的であり、われわれが『心』と呼ぶものは実際には脳の働きであることを。科学者たちはまた、正確に脳のどこで決定や意図が見いだされ、それらがどのように起きるのかも示した。われわれの決定は脳過程であり、われわれの意図は脳の状態である。また、われわれの決定や意図はほかの脳過程により引き起こされるのだ」
アリス「なるほど。宇宙のあらゆることが物理的で魂が物理的でないなら、いかなる魂も存在しないわけね——少なくとも宇宙には」
デブ「そのとおり。そして次の部分はこんな感じだったわ……二〇〇九年、ジョン・ジョーンズは、前を歩いている人のポケットから二〇ドル紙幣が落ちるのを見た。彼は紙幣をその人に返すことを考えたが、その人は紙幣が落ちるのに気づいておらず、ジョンは紙幣をそのまま持ってておくことに決めた。もちろん科学者たちがのちに発見したことからして、ジョンの決定は脳過程であり、ほかの脳過程によって引き起こされたものである」

ボブ「で、それから？」

デブ「それから学生たちは、ジョンが決定を下したとき、自由意志を持ってたかどうかを訊ねられたのよ。学生たちが何て答えたと思う？」

クリフ「そうだな、ぼくなら『イエス』と答える——少なくとも自由意志が可能だという前提なら。たぶん、ほとんどの人もそうじゃないか」

デブ「学生の七三％が、ジョンはそのとき自由意志を持っていた、と答えたわ」

ボブ「で、ポイントは、学生たちはジョンを完全に物理的存在だと思っているのに、『イエス』と答えたってことだね」

フラン「デブ、すごい記憶力ね。調査対象が何人か覚えてる？」

デブ「九〇人」

エド「この人たちが自由意志に求める基準がめっちゃ低いってことかもしれなくない？　とにかく、この人たちはどういう人なんだい？」

デブ「まさにここ、タラハシーの人よ——フロリダ州立大学（ＦＳＵ）の学生ってこと」

ボブ「ふーむ」

デブ「それから低い基準については……教授は、学生たちに別の話を読ませることで、それを調べようとしたの。その話のなかでは、お札が落ちるのを見るとき、ジョンは『コンプライアンス薬（行動を誘導するような薬）』の影響下にあるの。このストーリーだと、ジョンが自由意志を持ってると答えた人の割合は、少しだけだったわ」

ボブ「まあ、少なくともその哲学の教授は、人々が自由意志で何を意味しているかについて、いくばくかの証拠を提出してるわけだ。モンタギュー博士は、自由意志（という言葉）で彼が何を意味してるかを語ってるだけに見える」

デブ「そう、それがその哲学者の論点の一部だったと思う」

アリス「信心深い人のほとんどが自由意志をプレミアム的にとらえてるかどうか――トップシェルファーかどうか――ってあたしが訊いたのが、最後の一連の話のはじまりだったわね。あたしたちが独自調査したら、ほとんどのFSUの学生が魂の存在を信じてるってわかっても驚かないわよ。魂があるとは信じてるけど、魂が自由意志に必要とは信じてないとフランは言ったじゃない。その点では、多くのFSUの学生もフランみたいなものかもね」

フラン「FSUと言うから、書かなきゃいけないレポートがあるのを思いだしちゃったわ」

エド「自由意志についてじゃないといいね」

フラン「違うわよ。生物学の授業のショウジョウバエについてのレポート」

デブ「あなたたちに、わたしが読んだニュース記事のことを話そうと思ってたのを思いだした。科学者のチームが、ショウジョウバエが自由意志を持つことを実証したっていうの。いまは話せないけどね。わたしも帰らなくちゃ」

ボブ「今晩、議論再開ってのはどう? 一〇時に〝ウェアハウス〟で?」

ボブの提案に全員一致で賛成した。

第4章　リベットの脳科学実験

それは火曜の夜

場面：仲間六人でウェアハウスでくつろいでいる。街でビールの品揃えが一番いいのはどこかについて話しながら、話題は自由意志へと向かっている。

アリス「どう？　あたしたちは『自由意志』が何を意味するかってことで、いろんな考えかたについて話してきたわ。一、二の科学実験のほうに話を移したほうがいいかな？」

ボブ「それはそうと、科学者たちはどうやって自由意志について実験するんだろう？」

フラン「わたしはそれを調べていたの。ことのはじまりは、ベンジャミン・リベットって神経生物学者が一九八〇年代のはじめに行った興味深い研究みたいね」

ボブ「リビット[*1]って言ったのかい？　アニメのカエルが出す音みたいな？」

フラン「リベットよ。リビットとは韻を踏んでるわね」

ボブ「話を聞きたくてたまらないよ」

フラン「彼の主な革新的業績はね、意識経験の時間を記録する方法で、記録した時間と測定可能な脳事象との相関を見つけることができるものだったの」

デブ「どんな種類の経験？」

フラン「衝動、意図、決定の意識的経験よ。実験の参加者たちは、そうしたいと感じたときにいつでも手首を曲げ、そして、手首を曲げようという自分の意図とか衝動に最初に気づいたのはいつか、少しあとに報告することになってた。彼らはリベット時計を見つめてた。その時計の文字盤上をひとつの黒い丸（spot）が約二・五秒で一周してたの」

ボブ「それは速い時計だね」

フラン「まったくね。参加者たちは椅子に座って、この速い時計を見つめて、そうしたいと感じたときにいつでも手首を曲げるわけ。そして、手首を曲げてから、自分の意図とか衝動に最初に気づいたときに、その黒丸がどこにあったと自分が思うか報告したの。わたしはネットでデモ映像を見たわ。彼らが手首を曲げたすぐあとに時計（の黒い丸）が動くのをやめるのね。それから彼らはカーソルを動かして、最初に手首を曲げる衝動を感じたときにその黒丸があったと思う時計上の位置にしるしをつけるのよ」

エド「脳事象についてはどうなんだい？　意識経験と脳事象との相関を見つけるって言ってたよね」

フラン「電気伝導率を頭皮から測定するのよ。ＥＥＧの技術を使ってね。脳の活動には電気が伴っていて、それは測定可能なんだけど——最も活発なのは脳のどの部分かによって、ほかより多くの電気が測定される場所がある。このころだと、リベット式の実験の参加者は電極キャップをかぶるわね」

エド「なるほどね。みんな『EEG』が脳波図のことだと知ってるよね。電報を考えてみてよ。ただし脳の電気で打電するものとして」

フラン「読みとり可能な脳波を得るために、リベットの実験の参加者は、各セッションで少なくとも四〇回は手首を曲げたのよ。手首を曲げるあいだのいつ筋肉の運動がはじまったのかリベットにわかるように、手首からも計測が行われた。筋肉運動がはじまるときには、いわゆる『筋バースト』があるでしょ」

デブ「ということは、彼らは少なくとも四〇回、そうしたいと感じたときはいつでも手首を曲げて、手首を曲げたあとに毎回意識の報告をしたわけね。頭皮から電気測定がされ、手首の筋肉からも測定がされた、と。で、リベットは何を発見したの？」

フラン「あのね、わたしたちが意図的な運動を行うより前から、脳の活動が徐々に増加するって証拠はすでにあったの。それは行動を準備する脳の領域——脳の前のほうね——から生じる

＊1　リビット　カエルの鳴き声を表す擬音語で、同名のアニメもある。

と考えられていて、脳波を使って測定されることが多いの。この増加は「準備電位（readiness potential)」、またはRPと呼ばれてるわ。リベットの発見のひとつは、手首を曲げる段どりを事前に考えないようにと、参加者にくりかえし注意したときには、準備電位の測定結果表示と似たような脳波の結果が得られたこと、それから、それらが筋肉が動きはじめる約五五〇ミリ秒前――〇・五秒よりちょっと前――にはじまったということよ」

デブ「それで、意識の報告のほうはどうだったの？」

フラン「平均すると、参加者の報告による、手首を曲げようという衝動、意図、または決定を最初に意識した時刻は、筋バーストの約二〇〇ミリ秒前ね」

ボブ「すると、約五分の一秒か。それで、これは何を証明するとされているわけ？」

フラン「それについてのリベットの解釈はね、手首の筋肉が動く約〇・五秒前、だからその人が自分自身の決定を意識する約三分の一秒前に、いますぐ手首を曲げようという決定が無意識になされたというものよ。リベットは、身体の行為を生みだすことに自由意志が関わるためには、行為を引き起こす決定は意識的になされなきゃならないと信じているの。だからリベットは、ここでは自由意志は何の役割も果たしていないと結論するわけ」

クリフ「この場合だけかい？　それとも、どんな場合でもかな？　こういう実験だけで？　それとも、すべての意図的行為で？」

フラン「リベットは彼の発見がすべての行為に一般化できると示唆してるし、彼に同意する科学者もいるわ」

デブ「わたしがわかってるかどうか確認させて。リベットは――遅かれ早かれとか、いつか、とかではなく――いま手首を曲げようっていう決定は、準備電位が生じたときになされると考えてるわけね。それは筋肉の運動がはじまる約〇・五秒前。でも、人々が決定を最初に意識したって報告の平均時間は、筋肉の運動がはじまる時間にずっと近い――運動がはじまる約五分の一秒前――から、人々が自分の決定を意識したのは、実際に手首を曲げる決定がなされたあとでしかないと、リベットは結論する……」

エド「そしてリベットは、自由に決定を行うには、意識的に行う必要があると考えるから、これらの人々は手首を曲げるってことを自由に決定していないし、彼らの手首を曲げる行為を生みだすのに自由意志は関わっていないと結論するんだ。それだけじゃない。ぼくたちは決して意識的に決定を行わず、自由意志は行為を生みだすのに決して関わらないとも言うわけさ」

フラン「そんなところね。でも、ひとつ問題があるわ。いますぐ何かを行おうと決定したり意図したりするのをいったん意識したあと、わたしたちには、それを取り消す（veto）時間が一〇分の一秒ある、とリベットは信じてるのよ。彼は、取り消しのときに自由意志が何らかの役割を果たすかもしれないと考えてる。誰かが言ってるように、リベットは、わたしたちには自

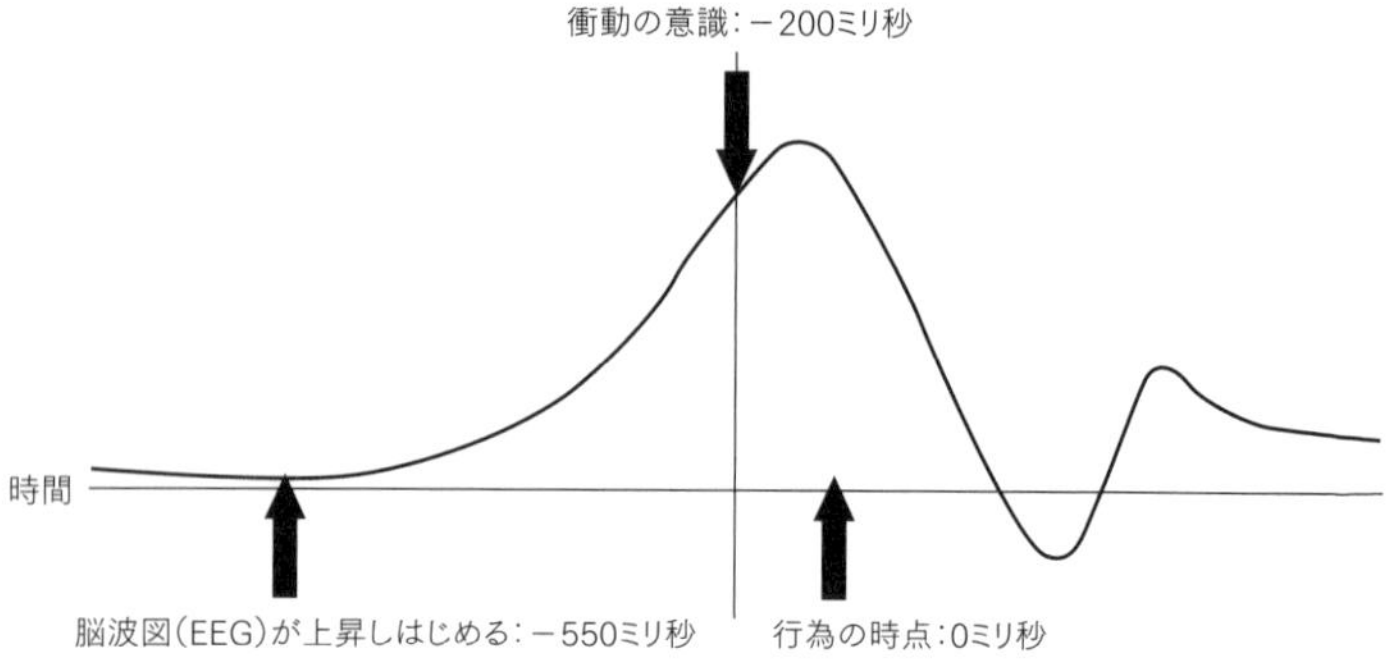

由意志はないけど、自由拒否[*2]はたしかにあると信じてるのよ」

ボブ「その言いかたって、おもしろいってことになってるの？」

フラン「そう思った人がいるんじゃないかしら」

ボブ「準備電位の図を見られればいいんだけれどね」

フラン「わたしがつくったわ。わたしのノートパソコンにあるわよ。見せてあげる」

フランは彼女のノートパソコンをみんなにまわす。それには上のような図が表示されている。

アリス「リベットの結論には、少なくとも二、三の問題が認められるわね。まずはじめに、なぜわたしたちは、その（二〜三〇〇ミリ秒ほど）あとじゃなくて、脳波の増大がはじまったときに決定がなされたと考えなきゃならないのかしら？もしかすると、その上昇がはじまったとき脳で起こってるのは、その少しあとの決定につながるかもしれないようなプロセスかもよ」

ボブ「リベットが測定してる脳活動と約半秒後の筋肉運動――筋バースト――のあいだに十分な相関があるのかな？　もしそうなら、ぼくは感服するよ」

フラン「これは調べたわ。これらの実験では、ある信号を使って、先行する二〜三秒間の電気的活動をコンピュータに記録させるようにしてるの。リベットが使った信号は筋バーストだった」

エド「それだと、手首を曲げる半秒前に参加者に起こってたのに似た脳活動が、たとえ手首を曲げなかったときでも存在する場合があったのかどうか、ぼくたちにはわからないことになる。ある時点での脳活動がそのあとの行為と十分相関してるのかどうかを見きわめたければ、その脳活動が起きても、対応する行為が何もそれにつづかない場合があるかどうかを調べる必要があるだろ。はじめのほうの時刻を、『R』として『増大（ramp-up）』を表すとしようか。ぼくたちが話してる、あとのほうの時刻を、『R＋H』として、『Rプラス約半秒（*R* plus about a half second）』を表すとする。Rにおいて（脳波の）増大があるのに、R＋H付近では手首を曲げてはいないという場合があるかどうか確認する必要があるわけだ」

フラン「そうね、そして、リベットはそれを見つけだそうとしなかった。（実験の）設定のせいで、筋肉運動があるときにのみ電気的活動の記録はとられたわけ。だから、アリスは正しいの

＊２　自由拒否　原文は free won't。

かもしれないわ。リベットの実験で時点Rに――または時点Rから二～三〇〇ミリ秒のあいだでもね――起こったことは、手首を曲げるってことの潜在的な原因で、手首を曲げようという決定の潜在的原因かもしれない。でもそれは、決定に向かう道のりの一歩にすぎなくて、ときには、あるいは、しばしば、決定っていう結果にも至らないし、手首を曲げることにもならないものかもしれないのよ」

ボブ「言いたいことはわかる。ぼくもときどき図書館へ一～二歩――あるいは、五〇歩――歩いても、図書館まで行かないことがあるよ」

アリス「この普通じゃない設定でリベットが発見したことを、すべての意図的行為へと一般化できるかどうかにも疑問があるわね。ある日わたしは、哲学の教授がリベット式の実験の参加者だったときの経験を語ってる動画をネットで見たのよ。教授は、意識報告をする時間になったら何かしら報告することがあるように、自分のなかから手首を曲げる衝動が意識できるくらいに現れてくるのを待ったと言ってたわ。その衝動が単におのずから現れてくるものじゃないと確信するまで待った。そのときになって、教授はこうしようと決めたの。『いまだ』とだけ心のなかでつぶやいて、そのささやかな発話行為に応じて手首を曲げ、それから少しあとに、『いまだ』と言ったときに高速時計の針がどこにあったかを報告することにしようと決めたのね」

ボブ「もちろんその教授は、読みとり可能な脳波を得るために、それを四〇回くらいやったんだよね……。ねえ、彼はどうやって、いつ『いまだ』と言うかを決めたんだろうね。『よし、いまこそ「いまだ」というときだ』と言ったのかな？」

アリス「実際、教授はそのことも話してたわよ。『いまだ』と言ったとき、なぜそうしたかはわからないって言ってた。それを聞いて、わたしはいったい……」

ボブ「すごくワクワクしてきたよ」

アリス「リベットの実験では、手首を曲げはじめるのがどの瞬間であっても、その前後のほかの瞬間じゃなくて、その瞬間を選ぶ理由はないわ。ちょうどスーパーへ買いものに行くようなものよ。二六オンスのモートンソルト[*3]を買いにいくとわかってて……」

ボブ「テキーラ・パーティーのために？」

アリス「それ、自由拒否と同じくらいおもしろいわ。とにかく、モートンソルトの並んだ棚に着いたら、単にそのなかのひとつをとるでしょ。――ともかく普通はね――まわりにあるおんなじ商品よりも、それがいいという理由はまったくないよね。そのほかのじゃなくて、自分が手にとったものを選ぶとき、自由意志を使うとは、わたしは言わない。でも、そのときもしわ

＊3　モートンソルト　アメリカではどの家庭にもあるといわれるくらい一般的な塩のブランド。湿気があってもさらさらなのがウリで、トレードマークは、塩をこぼしながら歩く傘をさした女の子。ちなみに、二六オンスは約七三〇グラム。

たしが自由意志を使っているとしても、わたしたちが賛否の理由を比較衡量して、むずかしい決定を下さなければならない場合とは、自由意志はひどく違うふうに働くのかもしれない」

エド「なるほど。きみがリベットの発見を――賛否の理由を慎重に比較衡量したあとに下す決定も含めて――すべての決定へと一般化したくない理由はそういうことか」

アリス「そうよ。リベットの実験だと、いつ手首を曲げるか、意識的に筋道立てて考える余地はなかった。フランが言ってたように、参加者は、手首を曲げることについては自然に任せるよう指示されてたのよ。何をすべきか決定するために、賛否の理由を一生懸命比較衡量してるときのわたしたちは、すごく違った精神状態にいるわけ」

ボブ「てことは、手首を曲げることについてのリベットの主張は受け入れると言ってるのかな？」

アリス「違うわ。実験の参加者が手首を曲げる決定を、それを意識する前に下すとリベットが証明したなんて思わない。わたしが言ってるのは、たとえ手首を曲げることについては彼が正しいとしても、すべての決定が無意識になされると結論するのは超飛躍してるってことよ。もしかすると、決定をする前に何をすべきか意識的に筋道立てて考える場合には、自分の決定を意識的に行う可能性はずっと高いかもしれないでしょ」

エド「ぼくたちが決定を意識的に行うことって、どれくらい重要だと思う？　ときどきぼくは、何をすべきか一生懸命考えていると、何だか一定の決定を下す方向へ近づいていっているな、と感じることがある。たとえばね、ぼくは三つの大学にそれぞれ合格したんで、各大学に行く理由と行かない理由を秤にかけたんだ。ＦＳＵに決める寸前まで行ったんだけど、もう少し考えたいと思った。もう少し考えて、やっぱり前と同じようにフロリダ州立大学かなって感じがして、そのままそうすることにした――ＦＳＵに決めたわけさ。ともかく、そんなふうにぼくには思われたんだね」

ボブ「言いたいことはわかるよ」

エド「二度目にそういう感じがしたちょうどそのとき、ぼくが無意識にＦＳＵへ行くと決めたと想像してよ。無意識に下した決定をぼくが意識するのに約一・五秒かかったとも想像してね。たぶん意識がぼくたちの決定に気づくのはちょっと遅いかもしれない。でも、そうだとして、それはぼくたちが自由意志を持たないことを意味するのかなあ？」

ボブ「なぜそうなるのかわからないね」

エド「ぼくもなんだ。結局ぼくは、何をすべきか割りだそうとするとき、意識的にいろいろと思考していた。そして、ぼくの決定は、その意識的な筋道立った思考――よい点と悪い点を意識的に考察し比較したこと――の結果とか産物だって思えるんだよ。もしぼくの決定がそんなふうだったんだとしたら、ぼくが決定したと思ったより数ミリ秒前に（実は）決定していたっていう事実——本当に事実だとしたらだけど——があっても、自由意志について心配することはないじゃないか」

デブ「あなたの言おうとすることはわかる。あなたが立てた音がわたしの耳にとどき、わたしの脳や意識に刻まれるまで、少し時間がかかるのとちょうど同じように、わたしの決定が意識に現れるには少し時間がかかるのかもね。でも、意識的な筋道立った思考が脳内回路（loop）の外ってことになるわけじゃない。その脳内回路は見かけよりも少し短かいのかもしれないわ」

アリス「わたしもそんな感じでいいけど、わたしたちが決定を意識するのは、常に実際の決定よりも少し遅れると言ってるわけ？」

エド「ぼくは違うよ。ぼくが言ってるのは、それが（実際に）起こっていることだとしても、、、、それによって自由意志が不可能になるわけじゃないってことだからね」

フラン「少し話題を戻してもいい？　いったん意図を意識したあとに、それを取り消すことができるっていうリベットの考えには、さっき触れたよね」

ボブ「ああ。覚えてるよ」

フラン「リベットはその仮説を試す実験まで行ってもいるの。参加者に、一定の時刻になったら——たとえば、高速時計の盤面で黒丸が九時のところに来たとき——手首を曲げる準備をするように、でも実行しないように、つまり実際には手首を曲げないように、と言ったのよ。そうして彼は脳波を計測した」

ボブ「ちょっと待った。リベットはいつも筋肉運動を使って、先行する脳活動をコンピューターに記録させるトリガー（きっかけ）にしてたと言ってたよね。それなら、（実際には運動しない今回は）どうやって脳波を得たわけ？」

フラン「トリガーはいつも必要よ。さっき説明したメインの実験では、トリガーは筋肉運動のはじまり――筋バースト――だったわ。でも取り消し実験では、トリガーは、黒丸が時計の盤面の指定の位置――たとえば、九時の点――に到達することだった。彼は時点をトリガーとしてつかったのね」

ボブ「それでリベットは何を発見したのかな？」

フラン「今度も彼は何回も実験して平均をとった。彼が発見したのは、指定された時点の約一秒前に（脳波の）増大がはじまり、そのあと、指定の時点の約一五〇ミリ秒前から二五〇ミリ秒前までのあいだに、しだいに減衰していったということね。増大したぶんが減衰によって消えるまでの脳波の記録は、実験者（リベット）が前もって選んだ時刻に参加者が手首を曲げたとき見られた（測定）記録とすごく似てたの」

クリフ「リベットはこれをどう受けとったんだい？」

フラン「彼は意図を取り消す能力の証拠を見つけたと考えたのよ。参加者は黒丸が九時の点に来た時点で手首を曲げようと意図し、それからその意図を取り消した、と言ったわけ。そして、脳波がしだいに減衰していく前の脳波の部分が、その意図の存在を示す、とも言ったのね」

クリフ「なんか怪しげだけど、ぼくにはそれを的確に指摘できそうにないよ」

アリス「あなたはもう指摘したかもよ、クリフ。自分でも気づかないうちにね」

クリフ「何?」

アリス「試してみましょ、これ……わたしはこれから一から三まで数えるわ。みんなにやってもらいたいことは、わたしが三と言ったとき、指を鳴らす準備をするんだけど、実際には鳴らさないことよ。鳴らす準備はするけど、鳴らさないのよ。用意はいい?」

ボブ「いいよ」

アリス「ボブ、指を鳴らすときに必要な形で指を合わせてすらいないじゃない*4」

ボブ「でも、ぼくは指を鳴らさないんだろ。鳴らすなって言ったじゃないか」

アリス「そうね。だけどわたしは、指を鳴らす準備をして、ともお願いしたわ。指を鳴らす態勢さえとってないなら、指を鳴らす準備をしてないってことよ」

ボブ「わかったよ、いま準備するよ。ほかのみんなも準備してるみたいだね。みんなの指はちゃんと合わせられてる」

アリス「そしたら、いくわよ。一……二……三!」

ボブ「確かに。誰も指を鳴らさなかった。何の驚きもないね。ぼくたちはみんなすごく従順だ」

アリス「それで、あなたたちの何人が指を鳴らそうと意図したのかしら？」

クリフ「きっと誰もしてないね。もし指を鳴らすことを意図してたら、ぼくたちは鳴らしてただろう。でも、何がポイントなの？」

アリス「実際、ポイントはふたつあるの。ひとつめは、リベットの取り消し実験は、わたしたちに自分の意図を取り消す能力があることなんか証明していないってこと。参加者が、あの黒丸が九時の点に到達したときに手首を曲げようと意図していなかったことを条件としての話だけどね。そして、参加者たちは意図していなかったに違いないのよ。彼らは、わたしのささやかな実験で、みんながとったのと同じ方法をとったに違いない。でも、第二のポイントはもっと重要よ」

ボブ「また、すごくワクワクして来たよ」

アリス「参加者が事前に決められた時点——そうね、これも九時の時点としますか——に手首を曲げるよう指示された別の実験での脳波記録と——少なくとも一定の時間のあいだ——よく

＊４　指を鳴らす　ここで「指を鳴らす」とは、親指と中指の指先の腹を合わせ、少し手首を内側にひねる要領で、親指と中指をすばやくこすりあわせて音を出すこと。

似た脳波の記録を、リベットは取り消し実験で得たってことを思いだしてほしいの。すると、そのもうひとつの実験でも、脳波記録のほとんどは——それとも、ぜんぶでさえも——意図にぴったり合ったものじゃないかもしれないわけよ。わたしたちのささやかな指鳴らし実験と取り消し実験を考えれば、九時の時点で手首を曲げるよう準備するのは、その時点で手首を曲げようと意図するのと同じじゃないってわかる。もしかしたら、脳波は何かを準備するのに反応してるだけかもしれないわ。その人が実行することを意図しないときでも、あるいは、みんなが指を鳴らさないよう意図したように、実は、そうしないように意図する場合でさえもね。もしかしたら脳波は、特定の時間に何かを行うって想像すること、または、まもなく何かをするって考えること——あるいは、それらのうちのどれか——に反応しているのかもしれないでしょ」

エド「なるほど。これは、筋バーストの〇・五秒前に脳波の増大がはじまったメインの実験で、脳波の最初の部分——あるいは、その前半とか、そのほか何でも——は、意図そのものよりもむしろ、意図に先行する何かに相関しているんじゃないかっていう、きみのさっきの意見にも合うね」

アリス「そうね、合ってるみたいね」

エド「メインの実験で、意図は筋バーストの約二〇〇ミリ秒前まで現れてこないかもしれないと思う？　思いだしてみると、それが参加者が自分の意識報告をしたときに選んだ平均時間だ、とフランは言ってたけど」

アリス「あ、わかんないわ。それらの意識報告がどれだけ正確なのかな、とも思うし。それに、あなたが言ったように、意識がわたしたちの決定や意図を検知するのが少し遅いとしても、それは自由意志にとっての大きな問題には見えないわ」

クリフ「いま物事を行おうとする意図に名前があるといいだろうね。『近接的意図（proximal intention)』を提案するよ」

ボブ「なぜ『近接的（proximal)』？」

クリフ「『近接的（proximal)』は、『最も近い』とか『次の』を意味するラテン語に由来するんだよ」

エド「ぼくはそれでいいな。すると、ぼくの問いは、近接的意図が手首を曲げて筋バーストを生みだすのにどのくらいの時間がかかるか、ってことになる」

フラン「それに関係があるかもしれないことを読んだわ。関係するかどうかは、意図が合図反応時間課題にどう関わるかによるけどね」

ボブ「それはどんな種類の課題？」

フラン「一般的な合図実験だと、科学者は、人が合図に対して、あらかじめ指定された行為で反応するのに、どれくらい時間がかかるか調べようとするのよ。たとえば、合図が、何かの音がすることで、あらかじめ指定された行為のほうは、マウスをクリックすることだったりするわけ。参加者は音を聞いたら何をしなくちゃいけないかわかっていて、準備してる。もうすぐ合図があるって知らせる注意信号もあるのね。参加者は合図に気づくと、できるだけ早くクリックする」

ボブ「すると、音を聞く前からすでに、マウスをクリックしようと意図してるわけだね」

フラン「ここはよく注意しないといけないところなのよ。いったん指示を理解し、参加に同意したら、参加者は音を聞くといつでもマウスをクリックする一般的意図を持つわ。それは、もちろん、マウスをクリックする近接的意図——それをいまクリックするっていう意図ね——とは違うでしょ」

ボブ「なるほど。一般的意図は、参加者が実験を通して持ってるものなんだな。でも、彼らがクリックする近接的意図を持つとしたら、たくさん持つことになるね——クリック一回についてひとつ」

フラン「そのとおり。もしかしたら、こんなふうになってるのかも。一般的意図——あるいは、次に音を聞いたらクリックするぞっていう、もっと特定の意図でさえも——が、音を聞くことと組みあわさって、クリックする近接的意図を生みだして、それが今度は、クリックするという行為を生みだすの」

エド「だとすると、いろんな事柄の組みあわせが、マウスをクリックする近接的意図へとつながり、そこから今度はクリックするという行為へとつながる、小さな因果連鎖があることになるね。その（事柄の）組みあわせってのは、次に合図を聞いたときクリックするという意図を持っているときに（実際に）合図を聞くというもの――または、いつでも合図を聞いたときにクリックするという一般的意図を持っているときに合図を聞くというもの――になるかな」

フラン「もし、そんなふうになってるなら、近接的意図が筋バーストを生じさせるのにどのくらい時間がかかるか、とってもいい見当をつけることができるわ。ちょうどリベットがしたように、筋バーストの時間を測ることができるでしょ。記録をとっているかぎり、いつ音がしたかはわかるものね。そして、近接的意図が音に対する反応である以上、音より少しあとに生じるだろうね」

ボブ「どのくらいあと？」

フラン「正確にはわからないわ。でも、音に気づくには少し時間がかかるでしょ。そして、音に気づくことが近接的意図を引き起こすことの一部分だったら、それも少し時間がかかるでしょうね」

ボブ「わかったよ。音がするのと音を聞くのとのあいだに少し時間があって、音を聞くのと、意図がはじまるのとのあいだにも、少し時間があることになるわけだ」

フラン「リベットの参加者たちは高速の時計を見てたのよね。そこでわたしは、リベット時計を見ている参加者たちについての開始合図反応時間研究を探したわけ。ひとつ見つけたわ。その研究では、開始合図と筋バーストとの間隔の平均時間は二三一ミリ秒だった」

エド「それは、近接的意図が筋バーストの五五〇ミリ秒前あたりで生じるとリベットが主張したのは誤りだったことを示すもうひとつの証拠のように見えるな。その研究は、近接的意図から筋バーストまでの時間は、実際には二三一ミリ秒未満だって証拠だからさ」

クリフ「でも、開始合図が近接的意図を引き起こし、それによって行為を引き起こすってことじゃなければ、どうなるかな？　フランは、開始合図実験では物事がこのように起こっているかもしれないという、ひとつの筋道を説明した。それは近接的意図をともなうものだ。でも、もしかしたら、物事は違うふうに起こっているのかもしれないよ。次に音がしたらクリックするぞっていう意図が、（実際に）音がするのと一緒になって、クリックする近接的意図なしに、クリックするという行為を生みだすのかもしれない。近接的意図は、因果過程の一部ではないかもしれない」

アリス「それはひとつの可能性のように思えるわね。でも、それならあなたは、リベットの実験で近接的意図が働いていたかどうか疑問に思うはずよ。あなたのと同じような考えに、こんなのがあるわ、クリフ。『いまだ』と心のなかで言って、それから手首を曲げたあの哲学の教授を思いだして。彼は、『いまだ』と言ったときにいつでも手首を曲げるという一般的意図を持っていたように見えるでしょ。彼が『いまだ』と言うのは、むしろ開始合図のようなものにも思われるわ。だから、もしかすると彼は、手首を曲げようっていう近接的意図を持っていなかったかもしれない。もしかすると、彼の一般的意図と彼が『いまだ』と言うことがあいまって、手首を曲げようっていう近接的意図を生じることなしに、手首を曲げる行為が生じたのかもしれないのよ」

フラン「そうかもね。そして似たようなことが、リベットの実験のほかの参加者たちにもあてはまるのかもしれない。そのなかには何かほかのものを合図として——たとえば、衝動を感じることとか——使う人もいるかもしれない。もし一般的意図と開始合図の組みあわせが、近接的意図を経由しないで行為を生みだせるなら、同じことは、何らかの心のなかの出来事——「いまだ」と言うことでも、手首を曲げたいって衝動を感じることでも、そのほか何でもいいいんだけど——を開始合図として使ったリベットの実験のどの参加者についても当てはまることになるわね」

デブ「話がどういう方向へ向かおうとしているのか、わたしにはわかった気がする。もしリベットの参加者たちが衝動を合図として使っていて、実際には手首を曲げる近接的意図を持ってなかったとしたら、脳が無意識の近接的意図を生みだしてるっていうのは、真実ではないことになるわ。近接的意図は関わっていないもの。その一方で、もし近接的意図が関わってるなら、開始合図の情報が示唆するのは、近接的意図はリベットが信じていたよりもずっと筋バーストの時点に近いとき——もしかしたら筋バーストの二〇〇ミリ秒前あたり、つまり自分の衝動やら何やらを最初に意識した時点として参加者があとで選んだ時間の平均——に現れるってことよ」

ボブ「ぼくは用を足したい衝動を感じる」

クリフ「それをおひらきの合図として使う？」

アリス「わたしたちのなかには、そわそわしてきた人もいると思うわよ」

デブ「うん、そろそろ行かなきゃって思うわ。でも疑問があるの。リベットの初期の実験は三〇年前に行われたのよね。いまはずっと高度な技術があるわ。リベットが証明したって考えたことをもっとうまく証明しようとした新しい実験はないのかしら？」

フラン「それを調べようとしてたんだけど、時間がなくなっちゃったのよ」

デブ「わたしは明日の午前中が空いてるの。その時間にそれについて調べとく。明日の午後、よかったら、コーヒーショップで話せるわよ」

ボブ「すばらしい計画だね。ぼくはほんとに行く必要がある」

一同はその夜はおひらきにして、明日の午後、コーヒーショップにまた集まることで意見が一致した。

第5章 fMRI実験

水曜の午後

コーヒーショップでデブがノートパソコンに何か書きとめている。そのときほかの仲間たちが入ってくる。

ボブ「ここにずっといたの?」

デブ「どうみても、数ミリ秒より長くはいたわよ」

ボブ「新世代のリベット式研究の調査はどうだった? 従来より新しいテクノロジーは活用されてたかい?」

デブ「fMRIを使った実験と深部電極を使った別のものとを見つけたわ。深部電極は一九五〇年代から使われてるけど、この技術は、いまはもっと洗練されてるのよ」

アリス「fMRIが『機能的磁気共鳴画像法』を表すってことと、それが脳の血流を測定することで、脳のどの部分が直前の二、三秒間に最も活動してたかを調べるってことは知ってるわ。でも、深部電極が何かは知らない」

エド「ひどい癲癇《てんかん》の人のなかには、ときに頭蓋骨の一部切除を必要とするような処置を選ぶ人もいるんだ。電極が脳の表面に――ときには表面より少し下にも――とりつけられる。発作を生じさせている部位を特定するためだ。そうすれば、発作の原因になってる脳の部位を手術できるからね」

フラン「脳から直接とった電気記録は、脳波よりもずっと情報量が多いのよ。脳波で測定される電気は頭蓋骨の分厚い骨を通ってこないといけないから」

デブ「そうね。そして、もし患者が望めば、電極がとりつけられているあいだ、リベット式の研究も含めて、いろんな脳研究に参加できるわけ」

クリフ「すごいじゃん」

デブ「そういういろんな研究とその結果に入る前に、あるジャーナリストが言っていることをみんなに読んであげたいんだけど、これは、自由意志に関するｆＭＲＩ研究について、そのジャーナリストが理解したことをベースにしてるの」

クリフ「頼むよ」

デブ「『サイエンス・ナウ・デイリー・ニュース』の記事からね。『研究者たちは、人々が選択したと自覚する一〇秒前までに、彼らの決定を予測する脳の活動パターンを発見した……この結果は、無意識の脳細胞が支配していることを示唆しており、自由意志を実体のない結果論とするがゆえに、耐えがたいという人もいるだろう』」

ボブ「ちょっとリベットの話的に聞こえるけど、予測パターンがずっと早く現れてるな。その実験について話してよ」

デブ「参加者たちは、脳の活動がｆＭＲＩを使って測定されてるあいだ、いくつもの単純な決定を行うように言われたわけ。選択肢はいつもふたつのボタン……」

ボブ「どちらかを押すわけだね？」

デブ「そう。でも、どっちを押したからって、何がどうなるわけでもなかったのよ――報酬があるわけでもないし、罰があるわけでもなく、何もないの。科学者たちが発見したって言ってるのは――いまから引用するわよ――『被験者が左（のボタン）か右（のボタン）のどちらによる反応を選ぼうとしているか、意識的決定より前に、ふたつの脳領域が高い精度で符号化《エンコード》していた』ということ。『神経情報が……最大で』一〇秒『意識的な運動決定に先行した』と彼らは報告してるわ」

アリス「これが自由意志とどんなふうに関わってくる場合があるのかについて話を進める前に、その研究のことをもっと教えてくれるかしら？」

デブ「もちろんよ。ひとつには、この研究での符号化精度[*1]（encoding accuracy）は、現実には約六〇％でしかないの――五〇％だと当然、偶然ってことになるわ」

クリフ「ほんとに？　六〇％って？　単にコイントスして、表が出るか裏が出るか予測すれば――表が出れば右のボタン、裏が出れば左のボタンとして――それに基づいて、ぼくは参加者が次にどっちのボタンを押すか、五〇％の精度で予測できるよ。それで、もしその人が、一分間（一時間でもいいけど）ボタンを押さないって承知してくれるなら、ぼくは一分（または一時間）前に（五〇％の精度で結果を）予測できるわけだ。精度は一〇％悪くなるけど、時間差に関しては、ぼくの大勝だね」

デブ「言いえて妙ね」

アリス「ボタンが押される数秒前に、科学者たちは何を測定あるいは検知していると思う？その脳活動は何に関連しているのかしら？」

デブ「きっと、次に押す特定のボタンに対するわずかな無意識のバイアスよ。そのバイアスがあるから、参加者がそのボタンを次に押す可能性が、六〇％くらいになるのかもしれないわ」

ボブ「バイアスってどういう意味なのかな？」

デブ「その人には、次にボタンを押すとき、片方のボタンをもう片方よりわずかに押しがちになる傾向があるっていう、それだけの意味よ。その人がその傾向を感じてるとか、それを自覚してるとは言ってないわ。その人の立場に立ってみてよ。どちらかのボタンを押す。どんな特定のパターンにも陥らないようにしながら、何度も押すの。すると、あんまりはっきりした仕方じゃないかもしれないけど、自分がそれまでどんなふうにボタンを押してきたかをなぞっていくことになる。そして、こうした活動全体のせいで、次回は、あっちじゃなくて、こっちをするといった無意識の傾向がわずかに増えるかもしれないということよ」

エド「なるほど。この参加者たちは塩の例のときのアリスみたいだ。スーパーで塩の売り場へ行くとき、どれをとるかにはこだわらない。二六オンス入りのモートンソルトであるかぎりは。リベットの実験の参加者のようでもある――特に理由なくボタンを押しはじめる時点を選ぶかわりに、特に理由もなく押すボタンを選んでいること以外はね」

ボブ「アリスはこう言ったんだっけ。この種の選択は自由意志とはあんまり関係がないし、たとえ関係があるとしても、こういったことについての発見を一般化して、人がむずかしい選択に直面して、何をすべきか意識的に筋道立てて考えるときに起きることについての主張に、つなげるのはむずかしいと思うって」

アリス「ええ、言ったわよ。そうだ、今度はわたしがひとつ寓話を思いだしたわ」

ボブ「塩についての？」

＊１　符号化精度　ここで「符号化」は、「情報の形式の変換」という一般的な意味で使われており、「符号化精度」は、この二つの脳領域の神経活動による符号化がどれだけ精確かということ、つまり、それらの神経活動と、右（または左）のボタンを押す反応とがどれだけ精確に対応しているかということを指している。

アリス「ううん、ビュリダンのアスについてよ」[*2]

ボブ「誰のお尻？　誰かのお尻についての寓話？」

アリス「ロバのことよ、ボブ。しかも超合理的なロバ。何かするにも、ほかのことをするよりましな理由がなきゃ決してやろうとしないのよ。ある日、そのロバはお腹が空いてた。そして気がついたら、大きさもおんなじ、おいしそうなのもおんなじな固めた干し草がふたつあって、その中間地点にいたのね」

ボブ「またわくわくしてきたよ」

デブ「話にお尻を割りこませないでよ、ボブ」[*3]

アリス「ロバは左を見て、それから右を見た。どっちかの干し草がもうひとつのよりましだと思う理由がロバにはなかったから、ロバはただそこに突っ立ったままだった。それでとうとうロバは餓死したんですって」

ボブ「ロバみたいにバカだと思われたくはないけど、ぼくたちが話していたｆＭＲＩの実験とこれがどう関係してるのか、切実に理解したいんだけど」

アリス「その（ｆＭＲＩの）研究では、リベットの実験も同じだけど、参加者はそのロバみたいな状況にいるの。解決策はただ選ぶこと。もしロバが（どっちでもいいから）固めた干し草を選んでいさえすれば、話はハッピーエンドになったのよ。そして、ｆＭＲＩ研究の参加者は、押すボタンを選んだだけなの——ときには左のボタン、ときには右のボタン。もしかしたら、その選択は自由意志の行使かもしれないわ。それを『自由に選ぶこと』と呼ぶことはできる。私の懸念はね、その自由な選択ってものと、さまざまな理由——賛否とももどもの理由——の比較衡量をたっぷりと意識的に行ったうえで選択するような状況で自由に選択することとはあんまり似てないいんじゃないかってこと」

エド「ＯＫ。そうすると、またもや一般化の問題があるわけだね。リベットの研究についての昨夜の議論で出たみたいにさ。参加者が次にどのボタンを押すか予測する精度が六〇％ってのは、自由意志に対して大した脅威とも思われないという問題もあるね。その予測——ボタンを押す数秒前になされるやつ——は、次の回にどちらのボタンを選ぶかについてのわずかなバイアスを反映する脳の活動に基いてるのかもしれない。でも確かに、わずかなバイアスによって自由意志が不可能になるとも思えないし」

ボブ「深部電極実験は、もっと深く掘り下げてるのかな、デブ？」

デブ「わたしが読んだなかにあった実験では、研究者たちは八〇％程度の精度で予測できてた

＊２　アス　アス（ass）には、驢馬という意味と、尻という意味とがある。
＊３　お尻を割りこませないでよ　原文 “butting in” の “butt” には尻という意味もある。

わよ。この研究の参加者は脳外科手術が必要な癲癇患者なの。彼らの課題は、押したいときにいつでもキーを押して、押したあとに報告すること。参加者は最初にキーを押す衝動を感じたとき、リベット式時計の針（黒丸）がどこにあったか、思ってることを報告するの。それは、実験者たちが『W時刻』と呼んでいるものについて思ってることになる。『W時刻』っていうのは、リベットの呼びかたよ。彼らはリベットに倣ってるわけ。行為を引き起こすことに関わると思われる部位の、脳の補足運動野の神経から直接にとられた記録によって、実験者たちは、いつ参加者が報告するかを予測できた。彼らはこれを報告されたW時刻の平均の約七〇〇ミリ秒――一〇分の七秒――前に行うことができたのよ」

エド「だとすると、一〇分の七秒――四分の三秒弱ってことか。わかった。八〇％の場合に、参加者たちが報告したW時刻を精確に予測できたと言ってるわけ？」

デブ「ううん、そこまで精確じゃなかったわ。八〇％の場合に、参加者があとで報告したW時刻の七〇〇ミリ秒前に脳活動の著しい変化が検知されていて、科学者たちが予測したW時刻は、参加者が報告したW時刻の二～三〇〇ミリ秒以内だったのよ」

ボブ「W時刻って何だったっけ？　もう一回教えてくれる」

デブ「参加者が最初にキーを押す衝動を意識するようになった時刻よ。実験者たちは、キーを押してからW時刻を報告するよう参加者たちに言ったの」

クリフ「実験者たちは、W時刻の報告がたいてい正確だと仮定しているのかな？」

デブ「そうでもないわ。彼らはその計時課題が微妙なものだと実感してた。考えてもみてよ。参加者は衝動が生じるかどうか心のなかを見ていて、意識に浮かびあがる衝動と、非常に高速で動いている時計の針（黒丸）の知覚を一致させようとしてるのよ。わたしはこういう計時課題の厄介さについての記事を読んだこともあるけど、いまはこの話題で脱線してしまわないようにするのがいちばんね」

ボブ「それで、ポイントは何なんだい？」

デブ「ええと、ものすごく特定の脳活動が、キーを押す意識的な衝動につながっていくように思われるってことよ。記録が補足運動野からとられたと言ったけど、ここは行為の準備・産出に関わる領域なの」

ボブ「それで、それがどう自由意志を脅かすってことになってるわけ？」

デブ「わたしが呼んだ論文だと、この実験を行った科学者たちは、自由意志についての主張をしていないわ。でも、実験の結果は確かに反自由意志的だとみなす人たちが別にいるのね」

エド「この実験をそんなふうに見る人たちは、参加者たちがキーを押す意識的衝動を自覚する前に、無意識の脳活動がすでにいつキーを押すか決定していた、と考えてるのかもね」

アリス「彼らがそう考えてるとしても驚かないし、検討に値する考えだわ」

フラン「二〜三、問題が見えるわね」

ボブ「きみは本当にずっと静かだったね。きみがここにいるのを忘れかけてたよ」

フラン「でしょ。わたしはずっと考えてたの……」

ボブ「フラン、きみに見えている問題を話してもらう前に、ぼくはデブに聞きたいことがあるんだ。ぼくはW時刻が何であるかは理解してるし、参加者たちが報告するW時刻の七〇〇ミリ秒くらい前に何か関連する脳の活動が検出されてるのも理解してるけど、この脳活動と実際の行為——キーを押すことだね——とのあいだの時間差はどれくらいなのかな？」

デブ「報告されたW時刻の平均は、キーを押すより二〇〇ミリ秒前よ。だから、あなたが質問している時間差は大体九〇〇ミリ秒だわ」

ボブ「了解。七〇〇プラス二〇〇だね。フランごめん。きみの念頭にあるのはどんな問題？」

フラン「昨日の夜、わたしたちが話したリベットの実験や、今日私たちが話している実験では、衝動が起こるのを待って、それからその衝動に基いて行為することになってるように見えるでしょ。いつ手首を曲げるか、キーをクリックするかの段取りを、前もって考えちゃいけないことになってる。それに、ｆＭＲＩ実験だと、押すボタンをただ選ぶだけ。衝動に反応してかもしれないけどね。そうすると、衝動が意識的過程から生じるって想定すべきではないわ。でも、もちろん、それはただ思いもよらず突然に出てくるのでもない。つまり、それには原因があるのよ。だから、衝動が意識的過程から生じるんじゃないなら、無意識的過程から生じることになるわ」

ボブ「(きみの言いたいことは)わかった、と思う。衝動が意識的過程から生じると想定すべきじゃないけど、それは、衝動がそれをする衝動であることは、それをする特定の理由があることじゃないからだね。もし参加者たちが何をするか、いつするかについて意識的に考えてたなら、彼らの衝動——あるいは少なくとも意図とか決定——は意識的思考から生じるのかもしれない」

クリフ「『意識的思考』と言ってるときに、何か精神的なものあるいは非物理的なものって意味で言ってるのかい?」

ボブ「違うよ。ぼくはさらなる脳活動について話してるだけさ——意識的活動という脳活動についてね」

クリフ「了解。フラン、きみはあのビュリダンのロバの論点をまた主張するのかな?」

フラン「それも話の一部よ。実験者に何か報告することが出てくるように衝動をただ待っているだけのときに、無意識の脳活動によって衝動が決定されるとしても、意図とか決定は、何をするか一生懸命考えてるときには、部分的には意識的な筋道立った思考によって引き起こされているのかもしれないでしょ。確かに、これもまた、あの一般化についての論点ね。でも別の論点も主張したいの」

ボブ「どんどん言ってよ」

フラン「反自由意志論者は、無意識的な脳活動がこの実験での衝動を決定すると考えてるかもしれないってエドは示唆したわね。でも、予測が八〇%しか当たらなかったっていうんだから、どうして決定論が意味されるって考えなきゃいけないのかしら？ それにもし決定論が意味されるとしても、それ自体は、（自由意志についての）ローライダーには気にならないでしょ。ひょっとして話にとりとめがなくなってきてるかもしれないけど、もうひとつのポイントはこれよ。もし、自分が感じる衝動に基いて行為しない理由が何か参加者にあったら、彼らはそれを拒否できたかもしれない。そこに自由意志の余地があるかもしれない。でも、これらの実験の設定では、衝動を拒否する理由はない。参加者たちは衝動が出てくるのを単に待つだけなのよ。自分たちがすることになってること――衝動に基いて行動し、そしてW時刻を報告するってことね――ができるように」

ボブ「いやあ、ぼくが思うに、きみがあんだけ長いこと黙ってたのは、あらゆることを溜めこんでいたからなんだね。それがいまあふれでてるわけだ」

フラン「そうね。思っていたことを口にしようという衝動も二、三回感じたけど、しばらくは聞きながら考えつづけるほうがいいだろうと決めたわけ」

アリス「フランがいま論じてくれた点はぜんぶおもしろそうね。お返しに、わたしもちょっと小さな点をひとつ指摘しておくわ。リベットは、彼の実験の参加者のなかに、ときどき手首を曲げるっていう衝動を拒否したと報告する人もいたと言ってるのよ。彼らはそれから、手首を曲げる前に、別の衝動が出てくるのを待ったとも言ってる」

フラン「それはおもしろいわ。無意識の脳過程によって決定される衝動があるとしても、その過程は対応する行為を決定しないかもしれないってことを示唆してるもの。ところで、もしわたしがリベットの研究の参加者なら、衝動を拒否するのはどういう感じか、ときどき確かめてみて、退屈をまぎらわすかもね」

エド「自分が手首を曲げようという意識的な衝動を持つのかどうかわからないな。もしかしたらぼくは、『いまだ』と意識的に心のなかで言うだけだった、あの哲学教授みたいになるかもしれない」

フラン「それはわたしが考えてた別のことに関係があるのよ。わたしたちが話してきたどの実験でも、参加者たちは、衝動や意図やそのほかもろもろを、いつ最初に意識したか報告する必要があるでしょ。もしかしたら、それらの実験の設定で意識的経験が行う主な仕事は、参加者たちが報告するのを可能にするってことなのかもしれない。人々がリベット時計を見ていて、そうしたいと思うときにいつでも手首を曲げるようにとは言われても、何か報告するようにとは言われてなかったら、どうなるのかしら？」

ボブ「（報告しろと言われていないなら）どうして彼らは時計を見てるわけ？　彼らはふしぎに思わないのかなあ？」

フラン「あら、実験者は、手首の筋肉を調べながら、視標追跡調査か何かをやってるんだ、って彼らに言えるじゃない。ほら、私のノートパソコンにリベット時計があるわ。動かすわよ。二～三分それを見て、二～三回手首を曲げて。あなたたちがそれをやってるあいだも、話はつづけられるわ」

六人の仲間はためしにフランの課題をやってみる。コーヒーショップの従業員のジョージがけげんな顔で彼らに近づく。

ジョージ「みなさんのその手首の動きは何ですか？　妙な鳥の群れでもまねしてるんですかね？」

ボブ「ぼくたちは、フランが考案したちょっとした実験をやってるんですよ」

ジョージ「へえ。実験ってより、人形のない指人形の芝居みたいに見えますよ」

ボブ「フランは、手首を曲げる前に、ぼくたちに意識的な近接的意図があったのか、手首を曲げる衝動があったのかを知りたいんだと思います」

ジョージ「何ですって？」

ボブ「意識的な衝動とか意図があったのかどうか、ですよ。ちょうどそのとき――手首を曲げた直前――に」

ジョージはぶつぶつ言いながら仕事に戻る。

フラン「そのとおりよ。で、あった？　みんなのなかに誰か、手首を曲げようっていう意識的な近接的衝動や意図があった人はいる？」

アリス「あったとは思えないわ。でも、気が散っていたのかもしれないし」

デブ「わたしは時計と会話に注意を払っていたわ。何の近接的衝動にも気づかなかった」

ボブ「ぼくもだ。ただぼくは、ジョージがぼくらのことをどんなに変な連中だと思うだろうかって想像してたんだ。といって、それで手首を曲げられなかったわけじゃないけどね」

フラン「ＯＫ。さて、誰かがこんなふうに論じてると想像してみてよ。わたしたちが議論してきた実験では、手首を曲げたり、ボタンを押したり、キーを押したりといったことを実際に生じさせるのに、意識的な意図は何の役割も果たさない。だから、意識的意図は行為するときに決して役割を果たすことがない」

ボブ「それをぼくにちょっと説明してよ」

フラン「そういう人が考えてることはこうよ。手首を曲げようというどんな意識的な近接的意図もなしに――みんなが知るかぎりではね――みんな全員、何回も手首を曲げたじゃない。それに、わたしたちが議論してきた研究では意識的意図は存在してたけど、行為を生みだすのにそれらは必要なかったでしょ。手首を曲げるには、手首を曲げようっていう意識的な近接的意図は必要なかった。要は、リベットの人々にも同じことがあてはまるというわけよ。手首を曲げるとかそういうことは、どっちの場合もおんなじ仕方で発生すると彼らは考えてる。あなたがたの場合も、（リベットの）実験の参加者の場合もね」

ボブ「了解」

フラン「じゃあ、議論に戻るわよ。それについては、わたしにはふたつの考えがあるの。第一に、もしかしたらこれらの実験では、意識的な意図は、行為を生みだす脳内回路の外にあるのかもしれない。第二に、だからといって、わたしたちの意識的な意図が、何をするかについての意識的な筋道立った思考に基づく場合にも、それが脳内回路の外にある、ってことは出てこない。ここでも、実験で起きることを、すごく違う状況のもとで行為がどういうふうに生みだされるかについての見方へと一般化してしまうって問題が見られるわ」

アリス「でも参加者のなかには、意識している衝動なんかを合図として使う人もいるって考えてみてよ」

ボブ「意識的な『いまだ』を合図として使ったかもしれないあの教授みたいにね」

アリス「そのとおり。それが、わたしがいま念頭に置いてるたぐいのことよ」

フラン「その場合には、意識的衝動なんかは、通常の合図反応時間課題で合図が脳内回路のなかにあるのとちょうど同じで、脳内回路のなかにあるわ。わたしが言ってるのは、ただ、わたしたちが議論してきた実験では、手首を曲げたりボタンを押したりするのを意識的な近接的意図が引き起こさないとしても、意識的な近接的意図が決して行為を産みだすのに関わらないと結論すべきじゃない、ということよ」

アリス「なるほどね」

デブ「ちょっと前にエドは言ったわね。参加者たちがキーを押す意識的衝動を自覚するより前に、無意識の脳活動がいつキーを押すかをすでに決定していたと一部の人は考えているのかもって。エドがそう言ったとき、わたしはインターネットでそれに関することが何かないか探しはじめたのよ。そうして、V・S・ラマチャンドランっていう脳科学者のおもしろい思考実験を見つけたの。リベットの実験に基いてるんだけどね」

ボブ「聞こうじゃないか」

デブ「話が少し戻るわよ」

ボブ「ぼくはかまわないよ。ずっと戻ってロバのとこまで行くんじゃなきゃね」

デブ「最初の部分を読んであげる。『私はあなたが指を小刻みに動かしているあいだ、あなたの脳波を観察している。……あなたが行動する一秒前に、私には準備電位が見えるだろう。しかし、あなたが自分の自由意志を見ることができるように、私があなたの前のスクリーンに信号を出すとしてみよう。あなたが、自分自身の自由意志を使って（とされているわけだが）、指を小刻みに動かそうとするたびに、機械は一秒前にあなたに告げるのだ！』」

ボブ「ぼくはこの思考実験の問題を見つけられそうだ」

エド「まあ、様子を見よう」

デブ「それから今度は、ラマチャンドランは、あなたが何を経験するだろうかと問うて、答を示すのよ。それを読んであげる。『三つの論理的可能性がある。(1) あなたは意志の突然の喪失を経験するかもしれない。そして、機械があなたを制御していて、あなたは単なる操り人形であり、自由意志は幻想にすぎないと感じる。(2) あなたの自由意志の感覚はそれによって微塵も変わることはないとあなたは考えるかもしれない。そしてその機械には、あなたの運動を正確に予測することを可能にする、何らかの薄気味悪い超常的な予知機能があると信じることを選ぶ。(3) あなたは……自分が目にした証拠を否定し、あなたの意志の感覚は機械の信号に先行したと主張するかもしれない』」

ボブ「おお、ぼくはたしかに問題を見つけたよ。その科学者はすごく論理的な可能性を見落としてるよ。もしその実験に参加しているのがぼくなら、ぼくはその機械の能力を試してみたいだろうね。信号がスクリーン上に現れるのを待ち受けてから、指を小刻みに動かさないようにできるかどうかを確認するだろう」

アリス「リベットのデータからすれば、指を動かさずにいられる可能性ははっきり残ってるわ。あなたがリベットのとり消し実験の脳波に似た脳波を示すことまであるかもしれないし。ひょっとしてあなたは、ある一組の言明に関する何かがひらめいたから、いま言った可能性を思いついたのかもね」

ボブ「どんどん言ってくれよ。ぼくの頭はフル回転してる。臨戦態勢だよ。そのふたつの言明ってのは何なんだい？」

アリス「これがひとつ目のもの。『あなたが自分の指を小刻みに動かすときにはいつでも、信号Sがあなたがそれを小刻みに動かす一秒前に現れる』。そして、これがふたつ目のもの。『信号Sが現れるときにはいつでも、あなたは自分の指を一秒後に動かす』」

クリフ「きみはぼくの頭をぶるぶる揺すぶってきてるな、アリス。このふたつの言明についてちょっと考える時間が必要だ」

ボブ「ぼくはわかった。ひとつ目の言明は、ふたつ目を含意しない。ふたつ目のは、ひとつ目が真であっても偽である場合がある。きみのために別のふたつの言明を挙げるよ、クリフ。一番目はね、きみがくじに当たるときはいつでも、くじに当たる前に何らかの方法でくじを入手した――買ったでも、見つけたでも、そのほかどんな方法でもいいんだけどね。結局のところ、くじなしでは、くじを当てることはできない。二番目、きみがくじを入手するときにはいつでも、きみはくじに当たる。明らかに、一番目の言明は二番目のものを含意しないよね。そうでなきゃ、ぼくは金持ちになるよ。先にくじを入手しないでくじを当てることはできないけど、くじに当たらずにくじを入手することはできる。同じように、ぼくは信号Sがちょっと前に現れるのでなきゃ、指を小刻みに動かすことはできないかもしれないけど、だからといって、その信号が実際現れたらぼくは指を小刻みに動かすってことを意味しないのさ」

フラン「まったくそのとおりね。もしボブが信号を見たあとも依然として指を動かさないままで本当にいられたら、その信号は指を動かす近接的な意図とか決定の潜在的原因が存在する徴《しるし》なのかもしれないわ。でも、たとえ潜在的な原因が存在しているときだって、ボブは指を小刻みに動かさないと決めて、そのとおり行動するかもしれないわけ」

アリス「てことは、ボブは、その機械を、自分をコントロールしてるものとしては思わないでしょうね。その機械が超常的な予測能力を持つって信じる誘惑にもかられないでしょう。それに、自分の目で見た証拠を否定することもないわね」

ボブ「そのとおり。ぼくはラマチャンドランが言ってた三つの可能なことは、どれもやらないよ。ぼくは四つ目の可能なことをするんだ——彼が言わなかったことをね」

デブ「わたしが思うに、結論としては、行為を行う意図や決定を何か意識する前に、行為がすべて無意識の脳活動によって決定されてるっていう十分な証拠は、わたしたちはまだ持ってないってことね」

エド「フリーライダーやミッドグレーダーやトップシェルファーが考えるような自由意志に対して科学研究がどんな関係にあるか、ぼくたちはたまには話したほうがいいね。両立論と決定論についてフランが以前コメントしたので、これはおもしろいんじゃないかとぼくは思うようになったし」

アリス「わたしもそう思うけど、まずは、もっと科学的実験のほうを検討するほうがいいかもしれないわ」

デブ「そうね、何か違ったもののほうがいい変化を生むかも。ひょっとして、脳科学から別のものへ移ってもいいかも……」

クリフ「自由意志に関係するおもしろそうな社会心理学の実験があるって聞いたことがあるよ。じゃ、こうしよう。今度はぼくの番だ。次に会う前に、ぼくがいくつか調べておくことにする」

エド「ぼくもそうするよ。いつ会うのがいいかな？」

ボブ「一〇時頃、ぼくのアパートでどう？」

クリフ「ウェアハウスのほうが雰囲気があるな」

ボブ「それは『雰囲気』で何を意味するかによるさ。でも、雰囲気よりも重要なことだけど、今夜、メキシコ湾からひどい暴風雨がやってくるみたいだよ」

クリフ「わかった。ぼくはボブのところでいいよ」

みんな同意して、店を出る。

第6章　自由意志に関するガザニガの主張

水曜の夜

場面：アパートでボブは片づけをし、クリフとエドは自分のノートパソコンを見ている。ドアをノックする音がする。ボブがドアを開ける。

ボブ「やあ、お嬢さんたち！　フランもきみたちと一緒に来ると思ってたけど」

アリス「フランもわたしたちのすぐあとに来るわ」

デブ「買った本をとりに車に戻ったのよ」

クリフ「社会心理学でほんとにおもしろいものを見つけたんだ。行動には少ししか影響しないんじゃないかと考えられてるものによって、行動がいかに強く影響を受けているかに関するものだけどね」

エド「ぼくも同種のものに出くわしたんだけど、そのなかには参加者たちが、人々に苦痛なショックを与えてると思ってた実験もある。参加者たちは、白衣を着た男がそうしろと言っただけでそうしたらしい」

別のノックの音。クリフがドアを開ける。

クリフ「入ってよ、フラン。ちょうどぼくたちが見つけた心理学の実験について話しはじめたところでね」

フラン「ハーイ、そういう計画だったわね、わかってるわ。でも、わたしはほんとは、マイケル・ガザニガの新しい本についてちょっと話せたらと思ってたの。『誰が仕切っているのか――自由意志と脳科学』[*1]って題名よ」

エド「その副題からして、彼は脳科学者だろうね」

フラン「それは正しいんだけど、わたしは社会心理学のものも読んでみて、ガザニガの本の一部は、そこにたどりつく準備みたいになると思うの」

ボブ「いいよ、フラン。そうしよう。きみが仕切ってるんだ――ガザニガが、仕切ってるものなどいないと言わなきゃね」

フラン「その本からの引用よ。『われわれがみずからの行為を説明しようとする際には、それらはすべてポストホックな説明であり、無意識的な処理の情報は入手不能な状態で、ポストホックな観察を使ったものである[*2]』」

ボブ「『ポストホックな』は『事後的な』って意味だね。われわれはいつも自分の行為の説明を、自分が行為をしたあとに行う観察に基いて、自分が行為したあとにでっちあげている、と言ってるように聞こえる。自分の行為を、部分的にせよ、先行した意識的処理に基いて説明しようとしても決してうまくいかない、っていうのが、本当に正しいことってあるのかな？」

デブ「それはおかしいわよ。自分がしようとすることをなぜするのか、わたしたちによくわかることはないってことになるでしょ」

クリフ「そのとおり。そういえば、ぼくはなぜちょっと前にドアを開けようと立ちあがったのか知ってると思ってたけど――ボブは忙しかったし、フランを入れてあげたかったから」

フラン「わたしも疑問だわ。わたしはある哲学教授がガザニガの本を書評してるのを読んだの。名前は忘れちゃった。その教授はその本をミュンヘンでの会議へ向かう飛行機のなかで読んだって言ってた」

ボブ「なんでミュンヘンへ飛ぶことが関係するの？」

クリフ「その本を読むのに長くはかからないと言いたかったのかもしれないぞ。あれだけ騒々しい飛行機のなかで、投入できる以上の集中力は必要としないと言いたかったのかもしらん」

＊1　『誰が仕切っているのか――自由意志と脳科学』　原題は *Who's in Charge? Free Will and the Science of the Brain.* 邦訳書名は『〈わたし〉はどこにあるのか――　ガザニガ脳科学講義』だが、以下の箇所で齟齬が出るため、ここでは原題に忠実な書名として訳した。

＊2　『われわれが……ものである』　この訳は邦訳書中のものではなく、本訳者によるもの。

フラン「それだけじゃないわ。哲学教授を会議に招待する人はファーストクラスの料金を払ってくれないって言ってた。その教授は飛行機では足もとに広いスペースがほしいのね。だからネットでエコノミーの航空券を買うとすぐ、非常口のある列のシートを探すのよ——まず通路側のシート、（それがなければ）次は窓側のシート。好みの席を見つけると、即座に確保するわけ」

ボブ「もっともだね。でも、その教授はそこからどこへ向かおうとしているのかな？　ミュンヘンはさておいてということだけど」

フラン「教授がつづけて言うには、彼はこのすべてを意識的に行うし、非常口のある列の座席を無意識のうちに探す仕方なんて知りもしない。さらに言うには、自分がそうするのは、長距離のフライトだと足もとのスペースを広くしたいという意識的な選好があって、彼を招待した人が航空券代として払ってくれる額を超える支払いをせずに、足もとにスペースの余裕を持たせるやりかたを知ってる——意識して知ってる——からだというのね」

ボブ「教授が話をどこへ持っていこうとしているのか、ぼくにはわかったと思うよ。教授がなぜ非常口がある列の座席を探すのかは、彼がそうするときに意識していることによって説明できる。足もとのスペースに余裕がほしいとか、スペースに余裕があることへの選好とかね」

フラン「そのとおり」

クリフ「なぜガザニガは同意しないのかな？」

フラン「わたしたちが議論したような脳科学実験がその理由ね。今日の午後に話をしたｆＭＲＩを使った研究やリベットのものなんかよ。それに対して、その哲学教授は、わたしたち自身も議論した一般化についての論点を主張してるわ。――一部の特定の状況で起きるかもしれないってことを、一足飛びに、わたしたちの行為すべてについての結論にするのはまちがいだってね」

ボブ「その哲学教授はタイムマシンを持っていて、ぼくたちの話を立ち聞きしていたのかもしれないな」

フラン「ｆＭＲＩの実験では、どちらかのボタンをもうひとつのボタンより優先する理由はない、って教授は指摘してる。だから、なぜ今回は左のボタンを押したのかって訊ねたら、その人はこんなことを言うはずだわ。『任意に選んだだけですよ。あなたの指示に従っていますからね』。どのボタンを押すかを意識的に考察する機会はその実験にはないんだから、なぜそのボタンを押すかっていう意識的な理由に基いてそのボタンを押したことを説明する余地なんてないのよ」

エド「そいで、同じ一般的な論点はリベットの研究にも当てはまるね。彼の実験の人々は手首を曲げはじめる瞬間を任意に選んでる。いつ手首を曲げるかについて筋道立てて考えないことになってる」

フラン 「そのとおり。でも、その教授が言うには、非常口のある列の座席を選ぶのは、事情がまるで違うのよ。自分にはエコノミークラスの普通の席よりも非常口の列の席を確保する理由――それも十分な理由――があるってことを教授は知っている。そして、そのことを知ってるから、非常口の列の空席を意識してネットで探すわけ。教授はこうつけ加えるの。彼がわたしたちに語ったことを前提にすれば、彼が次に長時間フライトでエコノミーの航空券を買うとき何をしようとするかを、わたしたちは一〇〇％近い精度で予測できるはずだって。そして、たんに彼が書いたことに意識的な注意を向けるだけで、これくらいの精度はただで手に入れられると指摘してるわ」

クリフ 「ｆＭＲＩ実験にかかる費用と、ぼくたちが議論した研究での六〇％の精度のことをほのめかしてるんだろうな」

デブ 「そう聞こえるわよね。でも、これがどう社会心理学につながるの？」

クリフ 「つながりはわかるよ。きみが来る前に、エドとボブにちょっと言ったことなんだけど、ぼくが見つけた社会心理学の文献は、ぼくたちの行動が、意識している理由以外の物事によっていかに強く影響されているかってことについてのものだったんだ。ガザニガは別の角度からそういったことを言おうとしているんだよ」

フラン「わたしもそういうふうに見ているわ。さあて、クリフとエド、今度はあなたたちが見つけたことをわたしたちに話す番よ」

ボブ「ぼくが言ったように、フランが仕切ってるものね。彼女は仕切り屋の心理状態にあるんだ」

ボブはビリー・ジョエルの「ニューヨークの想い」の数小節をハミングし、それから一節を歌う。

ボブ（歌いながら）「♪チャイナタウンでも、リバーサイドでも構わない。理由は何もないんだ。全部置いてきたんだ。僕の想いはニューヨークにあるんだ♪」

クリフ「きみが何をたくらんでるかわかるぞ、ボブ。きみもきっと社会心理学関係のものを調べて、自由意志に対する脅威としてさかんに引用されている実験を見つけたに違いない。そのひとつは、何年か前にニューヨーク市で起きたことに触発された傍観者研究なんだけど、キティ・ジェノヴィーズが通りのまんなかで刺されて死んだんだ。多くの人が襲撃を見ていた。誰もそれをとめようとしなかったし、警察を呼びもしなかった」

デブ「心理学入門の授業でこの事件について読んだのを覚えてるわ。それは一九六四年にクィーンズで起こったの。新聞記事によると、人々は叫び声を聞いて、その早朝の襲撃をアパートの窓から目撃したそうよ。でも目撃者の数を含めて、詳細の多くの部分が論争の対象になってるわ」

クリフ「ボブはぼくを操って、キティ・ジェノヴィーズに起こったことに触発された有名な傍観者効果の実験の話を最初にさせようとしてるんだと思うな。おそらくボブは、ぼくたちが自分の知らないうちにいかに状況に影響されているかを読んだんだ。そこでニューヨークについての歌を歌う――それも理由を置いてくるって一節だ――、それによって、キティと傍観者関連のことを、ぼくの心の表面に浮かびあがらそうとしてるのさ」

エド「ぼくたちの知っている、大好きなボブの話じゃないみたいだね」

ボブ「ぼくを見くびらないでくれよ。実のところ、ぼくはきみより一歩先んじてたんだ、クリフ。きみはぼくのたくらみを推測して、ぼくに操られないようにするだろうな、とぼくは思った。ぼくはきみの反応をこう予想した。何かほかの実験のひとつ――つまり傍観者効果の実験以外のどれか――から話をはじめるだろうって。ひょっとして、もっと陽気なものを選ぶんじゃないか、とぼくは推測していたんだ。電話ボックスに一〇セント硬貨を見つけたら、人だすけ的な行動にすごく大きな効果が出たっていう有名な研究みたいなやつをね」

クリフ「きみがぼくを操ろうとしつづけてるのかどうか知りようもないさ。きみの心を読むことはできない」

ボブ「きみは自分の心だって読むことはできないのかもしれないよ。結局のところ、どの実験から話をはじめることになるにしても、なぜそこから話をはじめようとするのか、きみにはわからないのかもしれない」

クリフ「ボブが人を操るようなミュージカルの一幕を演じるまでは、ぼくは傍観者効果からはじめるつもりだった。でもいまは、スタンフォード監獄実験からはじめたい」

ボブ「きみが電話ボックスからはじめるだろうって、ぼくが見当をつけたからかな？」

クリフ「わからないよ」

アリス「クリフ、なんでもいいから、あなたが最も有益だと思うやりかたではじめたらどう？何が最も有益なはじめかたかについて、あなたの思考の筋道にボブが影響を与えられなかったかぎり、あなたがこれからすることをするよう、ボブがあなたを操ったなんて心配する必要はないわ」

クリフ「グッド・アイディアだ。それで考えさせてくれ」

ボブ「クリフの頭のなかで歯車がまわっているのが見える。頭から蒸気が吹きでてるんじゃないかと思うよ。それとも放電かな？」

アリス「クリフをそっとしといてあげてよ。考えてるんだから」

クリフ「ナイロンストッキングを使った有名な実験からはじめる。二～三分でなぜかはわかるよ、アリス」

エド「その理由はぼくにはすでにわかってるよ。ぼくは、その研究について、話すつもりだったんだ。かわりにぼくはスタンフォード監獄実験について説明するかもね。きみがよければだけどね、クリフ」

クリフ「ぼくはかまわないさ。ストッキング実験だけど……買いもの客たちは四足のナイロンストッキングのうち、どれが最もいいものか答えるように言われた。ストッキングは隣りあわせに並べられてたけど、ぜんぶ同じ品質のものだった。右端のストッキングは左端のよりも、ほぼ四対一の割合で多く選ばれた。どうして自分が選んだストッキングが最もいいものだと思うかその理由を訊ねられたとき、誰ひとりとして、陳列されていたストッキングの位置には触れなかった」

デブ「もちろん触れるわけがないわ。陳列されたストッキングのなかのどこにあるかで、ほかのよりよくなったり悪くなったりしないなんて、誰だって知ってるもの。たぶん自分が選んだもののほうがより光沢があるとか、なめらかとか、そんなたぐいのことを言ったんでしょ」

クリフ「そして、彼女らはまちがっていたんだよ。ストッキングの質はまったくおんなじで、位置がものすごく大きな影響をおよぼしたんだ」

デブ「それで、何がどうなっているんだと思うの？」

ボブ「ビュリダンのロバの現象と似ているのかもしれない。ストッキングはまったく同一だ。彼女らは最初に左端のものを見て、それからその隣りのを見て、そのまた隣りというぐあいに見て、それでも何の違いにも気づかない。最後に見るものが一番いいように見える、、、、、……」
デブ「どうして？」
ボブ「何の質的な違いにも気づかなかったから、ストッキングには本当に質に違いがあると信じるように仕向けられていたから、そして、他の三足のストッキングに何か評価をしたあとで、このストッキング――一番右のもの――のすぐ前に立っていたからさ。もちろんこういう理由で、そのストッキングが一番よく見えたんだとはわかっていない。だから、自分が選んだものについて言ってることを裏づける理由をでっちあげるんだよ」
アリス「エドが言ってたことがわかったわ。実験者たちは実は買いもの客を誘導して、右端のストッキングが一番いいと信じさせたのね。おもしろいし、自由意志とも何か関係があるように見える。でも、あなたはどんな関係があると思うの？」
クリフ「いろんな研究についてもっと説明するまで、その質問は棚上げするのが一番じゃないかな」
ボブ「そう信じるように誘導されたのかい？」
クリフ「そうは思わないし、いずれにせよ、きみによってじゃないよ。さて、お次は、きみが触れた電話ボックスを使った研究だ」
フラン「何が起こるのかしら？　クラーク・ケントが入って、その次にスーパーマンが飛びだしてくるの？」

クリフ「いいや、でも、ほとんど同じくらいエキサイティングなことさ。研究者たちは気分が行動に与える影響を調べたいと思った――まだみんな電話ボックスの公衆電話を使っていて、市内通話に一〇セントかかっていたころだ。電話を使うのに行列をつくることだってあったんだ」

ボブ「古代史の授業をありがとう」

クリフ「実験者は〔公衆電話の〕釣り銭口のところに、ときには一〇セント硬貨を置いておき、ときには置かなかった。一〇セント硬貨を実際に置いてきたときは、次に電話をかけに来た人が硬貨を見つけるかどうか慎重に見守った。〔硬貨を置かなかった〕対照群の人たちは、もちろん何も見つけなかった――自分が二五セント硬貨を入れておつりが出てきたんじゃなければね。ちなみに、釣り銭口をチェックした人だけが統計に算入された」

デブ「それで？」

クリフ「実験者の助手が、離れたところで、人々が電話を終えて電話ボックスから出てくるのを待っていた。彼女はその人の近くへ歩いていって、その人の通り道に書類でいっぱいのファイルを落とすんだ。もちろん偶然に見えるように見せかけていた。それから、その助手――つまり、いわゆる実験協力者――は、人々が一〇セント硬貨を見つけたかどうかは知らなかった。

実験者だけが知ってたわけ」
デブ「それは理に適っているわ。もし実験協力者が知ってたら、それが協力者の行動に影響したかもしれないもの。一〇セント硬貨を見つけたと知ってるときには、自分でも気づかずに、哀れそうな感じとか、たすけが必要に見えるようにしようとしたかもしれないでしょ」
クリフ「結果は驚くべきものだった。一六人が釣り銭口に一〇セント硬貨を見つけ、そのうち一四人が協力者をたすけようと立ちどまったんだ。二五人は一〇セント硬貨を手に入れられず、そのなかでひとりしかたすけようと立ちどまらなかった！」
デブ「へえ！　それはびっくりね。なんてものすごい違い！」
ボブ（また歌いながら）「♪理由は何もないんだ。ぜんぶ置いてきたんだ。ぼくの想いはニュー……♪」
クリフ「そうだよ、ボブ。一〇セント硬貨を見つけることは、人だすけを選ぼうとする理由ではないし、一〇セント硬貨を見つけないことが、人だすけをしないことを選ぼうとする理由でもない。でも、その違いは行動にものすごく大きな影響をおよぼした」
アリス「自由意志との関係について話す前に、もっとたくさんの実験について説明しておきたい？」
クリフ「うん、少なくともあと二〜三はね。ぼくがさっき言った傍観者実験では、参加者たちは、自分たちが大学生だってことに関係する個人的な問題について話すことになっているように思わされた。参加者はそれぞれ部屋にひとりでいて、マイクを通してほかの参加者と話しているいると思っていた。自分以外の参加者はひとりしかいないと思わされるときもあり、ふたりいる、あるいは、五人いると思わされることもあった。実際には、参加者たちが聞いたほかの声はたんに録音音声だったんだけどね」

ボブ「いまのところ、あまりわくわくするものじゃないね」

クリフ「すぐにおもしろいところに行くさ。マイクの設定上、参加者は、誰かひとりが話をしているときは、ほかの人は誰も話すことはできないと言われていた。ある時点で、参加者は、ひとりの人が〝発作が起こりそうな感じがした〟と言うのを聞くんだ。実験者たちはこの人を『被害者』と呼ぶ。被害者はたすけを求め、少し歩きまわり、死ぬかもしれないと思ったと言うとか、いろいろする。その人が一二五秒話したら、その声は突然途切れる。その人がのどがつまるような音を立てた直後に、だ」

ボブ「それで、ほかに参加者はひとりしかいないと信じていた参加者は、その人が発作を起こしていると思った。ほかにふたり参加者がいると信じていた人は、そのうちのひとりが発作を起こし、もうひとりはその音を聞いていると思った。ほかに五人参加者がいると信じていた人たちは……」

クリフ「そのとおり。五人のうちのひとりが発作を起こし、残りの四人はそれを聞くことができると思ってたんだよ」

フラン「ということは、もくろみとしては、参加者が飛びだしてたすけを呼ぶまでに、どれだけの時間がかかるか、それから、その時間が〔自分のほかに〕何人がたすけられる立場にいると参加者が考えてるかに依存するかどうかを見きわめようってことね。自分だけか、もうひとりいるか、ほかに四人いるか」

クリフ「まったくそのとおり。彼らが見いだしたことは、こうだ。自分だけが被害者の声を聞けると考えていた参加者の八五％が、声が途切れる前に小部屋を出て、たすけようとしたのに、〔自分の〕ほかに四人が被害者の声を聞けると考えていた参加者は三一％しかそうしなかった」

フラン「〔自分の〕ほかにもうひとり声が聞けると思ってた人はどうなの？」

クリフ「六二％が声が途切れる前にたすけを得ようとした。それから、まだある。自分だけが発作について知っていると思ってた参加者はすべて、最終的にはその緊急事態を報告したけど、『最大』の集団の参加者は六二％しかそうしなかったんだよ」

ボブ「きみは『最終的に』と言ったね。すると、参加者のなかには、声が途切れてから、発作らしきものについて報告した者もいたわけだ」

フラン「それで結論は、たすけられる人が自分以外にどれだけ多くまわりにいると思っているかが、援助行動に大きな影響を与えるってことね」

クリフ「そう。それが傍観者効果なんだ」

エド「きみはまだほかに話したい研究があるかい、クリフ？　ぼくがスタンフォード監獄実験がどんなものか話す前にさ」

クリフ「もうひとつだけあると思うよ。それも援助行動についてだけどね。これは神学校の学生に対して行われたんだ。多少の議論をしたあとで、何人かの学生は、すぐ近くの建物にいそいで行って短い発表をしなくちゃいけないと強く言われ、何人かの学生は少々急ぐ必要があると言われ、何人かの学生は発表のためにその建物へ行くのはのんびりでいいよと言われた」

デブ「何についての発表なの？　それとも、それはどうでもいいの？」

クリフ「ある人が道端の人をたすける聖書の一節について話すように言われた人もいたよ」

フラン「善きサマリア人？」

クリフ「まさしくそのとおり。そして、神学校の学生が卒業後にもっとも楽しめる職と、もっとも適している職について話すように言われた人もいた」

デブ「わかったわ。それなら、スピーチの話題によって何か違いが生じるかどうか、それと、どれだけ急いでいるかで違いが出るかどうか見ようとして実験してたのね。この研究は援助行動についてのものだと言ったわね。何が関わってくるのかしら？」

クリフ「別の建物へ行く途中で、学生たちはドアのところで倒れている人のそばを通る。彼らが近づくと、その人は二度咳をして、呻くんだ」

デブ「実験者はどの学生がたすけようと立ちどまるかを見たいわけね。それと、もしかしたら、彼らがどのくらいたすけようとするかも見たい。でしょ？」

クリフ「そのとおりさ。実験者たちは『ドアのところの人に気づきさえしない』から『その人を放置しておくことを拒む』までの助力の尺度を作成したんだ。四〇人の参加者がいた。そのうち四〇％が何らかの援助を提供した――実験者の助手にドアのところの人について伝えるというくらい間接的なものにしかすぎなかったとしてもね。さて、いそいでいるかどうかに関する内訳はこうだ。いそいでいなかった学生は六三％が何らかの助力を提供し、すごくいそいでいた学生は一〇％しか助力を提供しなかった。中間のグループでは、四五％が助力を提供した」

デブ「すると、いそいでいる程度が違いを生じさせたのね。それで、発表の話題についてはどうなの？」

クリフ「実験者たちは、話題は有意な差を生じさせなかったと言ってる。だから、実際に、道端の誰かをたすけるって話をするために通りがかった人々が、ほかの人たちよりも、たすける可能性が有意に高いってわけじゃなかったのさ」

アリス「この研究が、いくつかのほかの研究と同じくらい、行為の理由について明らかにしてるかどうか、わたしにはわからないわ。すごくいそいでた人たちは、ドアのところの人をたすけるより、自分の発表に間に合うことのほうが重要だって考えたのかもしれないじゃない。結局のところ、ほかの人たちは通りがかったらたすけられそうだったけど、その学生だけは発表する義務が――たぶん時間どおりに到着する義務も――あったのよ」

クリフ「そうかもしれない。これらの研究は、人の状況が行動におよぼしうる影響を立証するとされているんだよ。その結果を検討する際には、一方では状況の違いに焦点をあて、他方では人の性格特性に焦点をあてるときもある。そして、別の違いに焦点をあてるときもある――状況と行為の理由と対比だよ。でも、この神学生の実験では、学生の状況の違いは、結果として彼らの行為の理由の違いを生じているように思われるね」

デブ「そのとおりだわ。いそぐ理由がない学生には、ドアのところの人をたすけない理由もそれほどない。そして、すごくいそぐ理由があると思ってる学生は、立ちどまらない理由がずっとある。でも、話はもっと複雑なんでしょうね」

クリフ「そうだね。援助とみなされたことのひとつには、短いスピーチをするはずの場所に着いたとき、困っている人がいた、と言うだけというのがあった。そして、ひどくいそいでいた人たちは、そのほかの人たちほど、そうはしなかった。スピーチをするために到着したあとで、ドアのところの人について報告することは、時間どおりにそこにいることを明らかに妨げなかったたろうにね」

アリス「なるほどね。まだ自由意志とのつながりをつけるときじゃないの？」

デブ「確かにあなたはしつこいわ、アリス。わたしが子どものとき、両親とファミリーワゴンで旅行中だったときみたい。わたしと弟はずっと『まだ着かないの？』って訊ねつづけてたのよ」

エド「ほかのふたつの有名な実験について議論するあとまで待ったほうがいいかもしれないよ――スタンフォード監獄実験とナチスから着想を得た従順さについての驚くべき実験についてね」

フラン「私はそれでいいけど、もうかなり遅くなったわ。明日まで待ったほうがいいかな？」

ボブ「いい考えだね。ぼくはもうすぐ寝なきゃ」

仲間たちは、ボブが部屋を片づけるのを手伝いながら、子どものころに行った家族旅行についておしゃべりする。

第7章 ミルグラムの実験と自由意志

木曜の午後

ふたたびコーヒーショップ。エドとクリフとがカウンターで飲みものを注文している。ボブがうしろから忍び寄る。

ボブ (歌いながら)「♪理由は何もないんだ。ぜんぶ置いてきたんだ♪」

クリフ 「まだ口ずさんでるのかい？　お嬢さんがたを見た？」

ボブ 「外でおしゃべりしてるよ」

クリフ 「ぼくらはうしろのほうのテーブルを確保するんだ」

ボブと三人の女性が飲みものを買ってほかの仲間に加わる。

アリス 「今日はあなたの番よ、エド。スタンフォード監獄実験からはじめるの？」

エド 「スタンリー・ミルグラムがやった、それよりももっと古い実験からはじめることに決めたよ。人々はなぜ、自分ではとうていやろうとしない、ぞっとするようなことをやれと命令されて、それに従ってしまうのか、ミルグラムは理解したかったんだな」

ボブ「強制収容所で働いてた一部のナチの兵士みたいに？」

エド「そうかもね。ミルグラムが参加者にしたおもてむきの説明は、罰と記憶がどう関係するかについて実験してるってものだった。参加者は、職業も地位もさまざまな、二〇歳から五〇歳の男性四〇人。ミルグラムはイエール大学勤務で、参加者もその地域の人たちだった。記憶と学習に関する実験への参加者を募集する新聞広告に応募したのさ」

デブ「どんな設定だったのかしら？」

エド「参加者は、実験者と実験を手伝うサクラの参加者に会う。参加者は、自分ともうひとりの男（サクラ）のどちらが「教師」役で、どちらが「学習者」役になるか決めるために、帽子から紙のくじを引くよう言われる。実際には、参加者は常に教師役なんだけどさ。参加者はおもてむきの説明を聞き、学習者役が実験中に座る場所を見る――学習者役がまちがった答えをするたびに、教師役が電気ショックを与えることになっている椅子をね。教師役は、学習者役が電気椅子に（紐で）拘束されるのも見て、紐は、学習者役が電気ショックを受けるとき動きすぎるのを防いでくれるから、と説明されるんだ」

ボブ「参加者たちは、その人がショックを受けると本当に信じるのかな？」

エド「彼らは信じるよ。実際、録画がネット上にある。あるシーンでは、終わりまでずっと電気ショックを与えつづけた男性は、実験の終わりに、もう電気ショックはないって言われて、明らかにものすごくほっとしてた。またミルグラムは、二～三の例外を除いて、参加者はその設定が現実のものと信じたって報告してる」

デブ「終わりまでずっと電気ショックを与えつづけたって言ったわね」

エド「そう。参加者たちは、三〇本のレバーの列を見せられるけど、それぞれのレバーは異なった強さの電気ショックに対応してる。一番弱い電気ショックは、最初の不正解に対してのもの、二番目に弱い電気ショックは二回目の誤答に対して、以下同様さ。レバーの各セット――大体は四本で一セット――ごとに（説明書きの）ラベルがはられてる。（三〇本のレバーの）まんなかをすぎたあたりのラベルには『激しいショック』とある。それから『極度に激しいショック』、『危険：ひどいショック』とつづく。そして最後は『XXX』だ」

デブ「参加者は学習者役が電気ショックを与えられているとき、見ることができるの？」

エド「一九六三年の論文で報告された第一次実験ではできないな。でも、そのほかのバージョンではできるものもある。ぼくは第一次バージョンからはじめるよ。よかったら、ちょっとあとで一部のほかのバージョンについても話そうか。それと、第一次実験では、教師役には、電気椅子に座ってる人が話すのは聞こえない。学習者役はボタンを押して解答する。実験のある時点で――電気ショックのレベルがかなり高いとき――学習者役は電気ショックを受けたあとに壁を叩くんだけど、それからあとはそれ以上質問に答えなくなるんだ」

ボブ「その学習者役が壁を叩いたとき、どのあたり（の電気ショック）だったの？」

エド「その学習者役は、ちょうど二〇番目の電気ショックを受けたところだった。『激しいショック』レベルの四番目のレバーだね。ショックのレベルは電圧数でラベルづけもされていた。こいつは三〇〇ボルトだった。学習者役にショックを与える前に、教師役は彼が与えようとするショックの電圧を報告しなければならなかった――最初は一五ボルトで、ずっと上がっていって、最後は四五〇ボルト。実験の最初に、（実験者である）科学者は教師役にこう言ったんだ。引用するよ、『ショックは極度に苦痛を伴うものになりえますが、組織に永久的な損傷を生じることはありません』。参加者が実験中止の話を持ちだすと、『つづけてください』から『あなたにはほかに選択肢はありません。あなたはつづけなければなりません』までの前もって決まっていた返答が与えられた。科学者は単純な継続要請からはじめて、参加者がしつこく中止について話し合うことを求める場合は、最終的に『選択の余地なし』という返答にまで進んでいったんだ」

フラン「それで、結果はどうだったの？」

エド「きみの予想は？」

フラン「ええと、その研究は有名だと言ってたわね。だから、結果はとてもびっくりするようなものじゃないかって見当をつけてるわ」

エド「そうなんだよ。言ったように、四〇人の参加者がいた。二六人はずっと最後まで電気ショックを与えつづけたんだ——学習者役が二〇番目のショックのあとに壁を叩き、その時点からあとは質問に答えるのをやめたのに。教師役たちは、無解答は誤答と同じとみなされると言われてたんだけどね」

ボブ「ショッキングだ!」

エド「まだあるんだ。二〇番目の電気ショックまでにショックを与えるのをやめた参加者はひとりもいなかった。その直後に五人がやめた。その次のショックのあとに四人がやめた。『極度に激しいショック』というラベルが貼られた一連の電気ショックの最初のもの、無解答に対して最初に与えられたショックだったんだけどね。さらに四人が少しあとに離脱した」

デブ「参加者たちはこれをどう感じたのかしら? ミルグラムは何か言ってる?」

エド「参加者たちは途方もない緊張、突然の神経質な大笑い、ひきつり、吃音、発汗などを示した、とミルグラムは言ってるよ。また、参加者が(実験)中止の話をしたときには、実験者による冷静な返答が効くことが多かった——『実験上、あなたがつづけることが必要です』、『あなたがつづけることが絶対に不可欠です』といった感じだね。選択の余地はないと言われてからも、参加者がつづけることを拒否した場合は、実験は中止され、その参加者は実験の本当の内容・目的について説明を受けた。この『選択の余地なし』って返答は、前もって決めていた実験者の四つの返答シリーズの最後のものだったんだ」
デブ「この実験のほかのバージョンのことも言ってたよね」
エド「長年にわたる、たくさんの別バージョンがあるよ。あるものでは、教師役は学習者役の声を聞くことはできるけど、学習者役を見ることはできない。学習者役は七五ボルトのショックとわずかばかりあとになっての何回かのショックには、うなり声をあげる。一二〇ボルト——中程度というラベルが貼ってある——では、彼は叫び声をあげ、ショックが苦痛になってきたと言う。次のショックではうめき声をあげ、そのあとのショック——一〇番目のショック——を受けて、つづけることを拒否する」
ボブ「ということは、まだ全然二〇番目までいってないよね。前の実験で学習者役が壁を叩く結果になったショックまで」
エド「そのとおり。これがさらに何回かのショックにわたって、強度を増しながらつづくんだ。一八〇ボルトで、学習者は苦痛に耐えられないと悲鳴をあげる。二七〇ボルトになるときまでには、苦悶の悲鳴をあげつづけている。三〇〇ボルト——二〇回目のショック——で、もうこれ以上解答をしないと必死になって叫ぶ。そして次のショックのあと、同じ叫びをくりかえす——激しい悲鳴をあげてからね。それから先は、すべての電気ショックで悶え苦しみ、鋭い悲鳴をあげるのさ」

デブ「まあ！　この実験で、最後までやりぬいた教師役はいるの？」

エド「うん。二五人がそうしたよ。ぜんぶで四〇人いたよね。だから、六〇％を超える参加者が最後までやったんだ。それから、学習者役が一五〇ボルト、一九五ボルト、そして三三〇ボルトで、自分の心臓の状態について口にするバージョンの実験でも、結果はほぼ同じだった。四〇人中二六人の教師役が最後までやった」

デブ「びっくりだわ！　わたしなら絶対そうしない」

エド「この実験のそのほかのふたつのバージョンでは、教師役は学習者役にずっと近くなったけど、そのほかのあらゆることは基本的に同じだった――うめき声、悲鳴、などなど。それぞれ四〇人の参加者がいた。あるバージョン――『近接版』と呼ばれてる――では、教師役は学習者役からたった一フット半[*1]のところにいて、はっきり見ることができた。別のバージョン――『接触－近接版』と呼ばれてる――では、学習者役はショックを受けるのを避けるためにショック板から手を離すことができたんだけど、教師役は学習者役にショックを与えるために、彼の手をショック板に押しあてなきゃいけなかった」

デブ「結果を聞きたいような聞きたくないような」

＊1　一フット半　一フット（複数形が「フィート」）は約三〇・四センチ。

エド「どっちにせよ、教えるよ。近接版実験では一六人が最後までつづけ、近接－接触版では一二人がそうしたんだ」

デブ「あなたたちはどんな気分になった？　わたしは愕然として、吐き気がするわ」

ボブ「ぼくはショックを受けてるよ」

フラン「あなたはまじめになれないの、ボブ？」

ボブ「わかった。ぼくは熱くなって、いらいらして……嫌悪感のボルテージが高まったよ」

アリス「感情から離れて自由意志に目を向けるべきかもしれないわ。ここでの（自由意志との）関連は、自己制御に関わってるんだと思うのよ。あなたがすることはあなたしだいなのか、それとも、いわば、あなたの状況しだいなのか？　これらの服従実験では、科学実験での教師役を演じることが多くの参加者の行動に途方もない影響を与えているみたい。参加者の状況のこの（実験の教師役であるという）特色が影響を与えているかぎりで、参加者たちは自分がしてることを本当には制御できていないのかもしれない。実のところ、実験者が彼らを制御してるのかもしれない」

ボブ「おもしろいなあ。傍観者実験についてもきみは似たようなことを言うんじゃないか？　まわりにほかにたすける人がいるという彼らの信念が影響を持つかぎりで、彼らは自分たちの決定を制御していないってね」

クリフ「いい質問だな。それは昨夜ぼくが説明した、ニセの発作の実験だよ」

アリス「もしかしたらそうかもね、ボブ。よくわからないわ。そういった異様な緊急事態で何をしたらいいか、少なくとも若干混乱するのは、たぶん正常なことよ。ほかに四人もまわりにたすけられる人がいると考えてる場合、そのなかのひとりくらい、発作めいた事態に何をすべきか、もっとよくわかってそうなものだって想定するんじゃないかしら」

フラン「でも、なすべき正しいことは、走ってたすけを求めに行くことよ。理解するのに少し時間がかかるとしても、それがわからなくちゃダメ。思いだせば、人数の多いグループにいると思ってた人の七〇%くらいはそうしなかった――少なくとも狂乱した声を聞いていた約二分のあいだには。彼らがそのとき自由意志を持ってなかったとか、走ってたすけを求める自由がなかったとは結論しないわ。わたしはこう言うかな、彼らはまずい決定をした――そして、たぶんその決定を自由に行った、って」

アリス「もっと話してよ。もっともなように聞こえるから」

フラン「こう言いたいと思うの。たすけることができる人がまわりに四人いると思っているときは、たすけられる人がほかに誰もいないとか、ひとりしかいないとか思っているよりも、正しい決定をくだすのがむずかしくなるけど、だからといって正しい決定が不可能になるわけじゃないわ。この実験の参加者は、状況の完全な餌食ではないと言うかな。彼らは状況によって影響されていたけど、決定されてはいなかったのよ」

アリス「同じことをミルグラムの実験についても言う？」

フラン「言うでしょうね。だけど、それでもわたしは、その結果は驚くべきものだし、心穏やかじゃないものだとも思う。わたしたちの誰かが、科学者の学習実験を手伝うためというだけで、ひどい苦痛を伴う電気ショック（だと思っているもの）を人に与えるなんて、信じがたいとも思うわ。でも、あの統計データを見ると、わたしたちのなかの、少なくとも二〜三人は、電気ショックを最後までずっと与えつづけるだろうって、そう思わないといけないんでしょうね」

ボブが立ちあがってクリフの前に立ち、じっと彼を見つめる。

クリフ「やめろよ、ボブ。きみはぼくよりもショックマンになりそうだな」

アリス「わたしたちが話してきた社会心理学の実験を考えると、わたしたちの状況や事態は、わたしたちの行動に思っていたよりずっと大きな影響を及ぼすと思う。でもフランと同じで、これらの実験で調査された状況を、人々から完全に自由意志を奪ってしまうものとは思わない。わたしの最初の印象は勇み足だったわ」

クリフ「会話とか意識的な筋道立った思考が、アリスの意見に影響を与える可能性があるみたいだね」

エド「ぼくはまだスタンフォード監獄実験の説明をしてないよ」

デブ「それに、まだ誰も、昨夜わたしたちが話をした電話ボックスの実験についてどう思ったか口にしてないし」

クリフ「あの結果には本当にびっくりだよ。（電話の釣り銭口で）一〇セント硬貨を見つけた一六人のうちの一四人が、女性が落とした書類を拾うのを手だすけしようと立ちどまったけど、一〇セント硬貨を見つけなかった二五人の場合は、そのうちたったひとりしかたすけようとしなかったんだから。あ、ひょっとすると、あれは魔法の一〇セント硬貨だったのか！　毎回同じ一〇セント硬貨を使ったっけ？　それとも場合に応じて別々の一〇セント硬貨を使うことで、硬貨の力を調整したのかな？」

ボブ「調子に乗りすぎるなよ」

クリフ「わかった、現実に戻ろう。ぼくの勘だと、その人たちは一〇セント硬貨を見つけたから気分がよくなったんだよ。そして気分がよくなった人は、いっそう親切になるもんだって思うんだ。それでも彼らが手だすけをするのは理由があるからだ。その理由ってのは、あの女性が手だすけを必要としてるってことだ。理由は脳内回路から外れていない。彼らの気分がよくなってなかったら手だすけをしなかったとしても、これは本当だよ」

ボブ「フランは、正しい決定をむずかしくする事態について話したよね。いい気分だってことは、親切になろうと決めるのを簡単にする事態なのかもしれない」

アリス「もっともな話のようね。エド、元気が出る話から憂鬱になる話へ行くときじゃないかしら」

エド「ミルグラムの実験でロール・プレイング（役割演技）について触れたよね。ロール・プレイングは、スタンフォード監獄実験の核心にあるんだ。実験者の心理学者フィリップ・ジンバルドーは、監獄生活に関する実験に参加する意志のある男子大学生を求める広告を新聞に出した。七五人の志願者がいた。何回もの面接や診断テストのあと、二四人が選ばれた。これらの男たちは、最も（精神的に）安定し、かつ成熟していて、最も反社会的でないとみなされたんだ。彼らのうち三人は、早期離脱しなきゃいけない人がいたときのための補欠に選ばれた。一〇人は四人役を、一一人が看守役を割りあてられた。その割りあてはコイントスで決められた」

デブ「彼らはみんなスタンフォード大学の学生だったの？」

エド「いや、でも全員がその夏——一九七一年——にスタンフォード地域にいた。事実、囚人として選ばれた志願者たちは、自分の住居で逮捕され、手錠をかけられ、身体検査を受け、警察の車でパロ・アルト警察署へ送られた。そこで指紋をとられて、しばらく留置場に入れられたあと、スタンフォード大学の心理学科棟の地下につくられた模擬監獄へ移送されたんだ。到着すると、彼らは服を脱がされ、脱臭スプレーをかけられた。それから囚人服を与えられて写真をとられてから、監房に入れられた。囚人一〇名用の小さな監房――六フィート×九フィート――が三つと非常に小さな独房があった。看守用の部屋もあった。活動の多くは、隠しカメラによって録画された。隠しマイクが会話を傍受した」

デブ「どのくらいつづいたのかしら？」

エド「計画では二週間つづけるはずだった。囚人役たちは一日二四時間そこにいた。看守役は八時間交替で勤務して、それから帰宅した。看守役は、看守の制服を着て、制服の一部としてミラーサングラスもかけて、警笛と警棒を携えていた。囚人役はゆったりとしたスモック、ナイロンストッキングの帽子、ゴムサンダルを身に着け、くるぶしには鎖が鍵で固定されていた」

ボブ「監獄生活はどんな感じだったのかなあ？」

エド「ストレスが多くて、憂鬱なものさ。囚人役たちが収監されると、看守長役は、彼らが暗記しなくちゃならない規則を読みあげた。一日三回、質素で味気ない食事をし、同じ回数、監視のもとでトイレへ行った。ちなみにトイレへは、目隠しをされ、手錠をかけられて、歩いていったんだよ。また毎日三回、整列させられて人数を数えられた。囚人役は囚人服につけられた番号で呼ばれた――決して名前では呼ばれなかった。毎日二時間、手紙を書いたり読書をしたりする自由時間があった――この特権がとりあげられないかぎり、だけどね。そして、雑役をしなければならなかった――トイレ掃除とかね」

ボブ「どういう結果になった？」

エド「ジンバルドーと共著者による一九七三年の論文が、ぼくのノートパソコンに入ってるよ。びっくりするような一文を読んであげようか。『五人の囚人役が……極度の感情的抑鬱、号泣、怒り、急性不安のために解放されねばならなかった』。実験は二週間つづくはずだったけど、ジンバルドーはたったの六日で終わらせたんだ。ひとりの囚人役は（はじまってから）三六時間後には解放されなきゃならなかった。その理由は――この実験についてのニューヨーク・タイムズの記事にあるのを読みあげるとね――『極度な鬱状態、思考の混乱、制御不能な号泣、および発作的な怒り』だった。もうひとりには、心因性発疹が生じたんだ」

デブ「どうしてそんなことになったの？　何が事態をそこまで悪くしたのかしら？」

エド「看守の何人かがいじめを行うようになったんだ。意地悪にならなかった人もいじめを放置した。いじめは日に日に増した。囚人役の点呼は、当初は一〇分ですんだんだけど、ときとして何時間もつづくようになった。囚人役は点呼中に、おたがいを貶し合うことを奨励された。しばらくすると、囚人役のおたがいに対する態度は、彼らに対する看守役たちの態度を反映するようになった。侮辱と強迫はエスカレートし、無意味な仕事や侮辱的な仕事をやらせる命令も同じようにひどくなった。看守役は囚人役に、素手でトイレ掃除をさせることもあったんだ……」

ボブ「げえっ。ぼくなら絶対、拒否するな。行きすぎだよ」

エド「無意味な仕事のなかには、クローゼットとクローゼットとのあいだで箱を運んで行ったり来たりさせたり、看守役が毛布を茂みのなかで引きずりまわしたあとで、毛布からトゲを抜かせることなんかもあった。ときには囚人役は、看守に足で踏みつけられながら腕立て伏せをさせられた。看守役はよく真夜中に囚人役を起こして点呼をした。またあるときには、看守役は単におもしろがって、予定されていた囚人役の自由時間を剥奪したり、十分な理由もなく彼らを独居房——幅二フィート、奥行き二フィート、高さ七フィートの掃除道具入れだけど——に閉じこめたりもした。午後一〇時の施錠後は、囚人役はしばしば、自分の監房のバケツをトイレ代わりに使わざるをえなかった。実験の二日目、囚人役の人たちが抗議を行った。看守役は消火器を彼らに噴霧し、衣服を脱がせ、主導者たちを独居房に入れたんだ」

ボブ「うげっ」

エド「看守役たちは、囚人役のあいだに不和の種をまくために、特別待遇房をつくりだした。よい囚人役はその房を使用して、通常よりもいい食事をはじめとする、いい待遇を受けるわけさ。しばらくすると、囚人役たちを混乱させるために、ほかより悪いと思われる囚人役にこの特別待遇を与えた。看守役のなかにはサディスティックになった者もいた。そして、もちろんジンバルドーは、囚人役への影響と同じく、看守役への影響にも関心を持ってたわけだ」
デブ「暴力的になっていったの？」
エド「つかみあいは多少あったよ。でも、規則を決めるときにジンバルドーが強く主張したことのひとつは、暴力厳禁だった。看守役は自分の権限をそんなふうに（暴力に）使うことは許されていなかった」
アリス「状況の力というテーマはここでは明白ね」
エド「まったくそのとおり。それが実験の主な結論だよ。そして、状況の悪影響は囚人役、看守役の両方に現れた。看守役は三つのタイプにわかれた。乱暴だが公平な者もいたし、囚人役に少し親切にしたいいやつもいて、三分の一くらいが敵対的で虐待的だった。実験者たちが事前に行ったどの検査も、権力愛好的な看守役になるのはどの学生か予測できなかった。看守役のなかには、実験が早く終わってがっかりしてた者もいた。彼らは自分の権力を楽しんでいたんだな」
デブ「この実験は残酷っぽくないかしら？」
エド「そうだね。でも、ジンバルドーがやろうとしていたことのひとつは、ぼくたちの監獄制度にまつわるもっとひどい残酷さを指摘することだったのさ。模擬監獄がたった二〜三日で普通の大学生によからぬ影響を与えるなら、本物の監獄が持つ影響を想像してごらんよ。ジンバルドーは監獄の改革を提唱してるんだ」

アリス「監獄改革が非常に重要な問題だってことには同意するけど、わたしたちは自由意志について話そうとしてここにいるのよ。ここでもまた、状況が人々の行動に目立った影響を与えてるわ。わたしは看守役に起こることが一番興味深いと思う。わたしも理解はできるとは思うわ。そうできるだけの権限があれば、普通の大学生でも、誰かに素手でトイレの掃除をさせたいって誘惑に駆られるかもしれないってことはね。でも、その誘惑にあらがえないっていうのは理解できない。これをやらせた看守役は誘惑に抵抗すべきだったし、抵抗することができたはずだと、わたしは確信してる。抵抗する自由があったのに、そうはしなかった。状況によって、看守役が悪い決定——新たに得た自分たちの権限をどう使うかについての決定——をくだしやすくはなるでしょう。でも彼らの状況が、実際そう行動するように強いるとは思わない。わたしの理解だと、自分のおぞましい考えを行動に移すかどうかは、ある程度は依然として彼らしだいだったのよ」

ボブ「囚人役についてはどうかな？　なぜ彼らは、やれと命令された、吐き気をもよおすようなことを、拒否しないでかえって実行したんだろう？　自分には拒否する自由がないと思ってたのかもしれないね。もしぼくがあの実験で囚人役だったら、看守役に、これは所詮実験にすぎないんだから、きみたちはあまりにやりすぎだ、ってストレートに言っただろうな」

エド「人々が自分の役割に呑みこまれてしまうのは奇妙だよね。ぼくたちは状況の力を十分認識していないのかもしれない。たとえば、自由時間のあいだに囚人役の人たちが話したことの九〇%は、囚人生活に関係していたんだ。自分たちがここから出たら何をするか、あるいは、趣味とか、ひいきのスポーツチームとか、友だちのこととか、そんなこんなについてむしろ話したいんじゃないかと思うかもしれないけどね」

フラン「そうね。それは奇妙だわ」

エド「囚人役のひとりは気分が悪くなり、解放してほしくなった。彼は刑務所長役のジンバルドーと司祭と話してるとき、ヒステリックに泣きわめいた。ジンバルドーがその囚人役に食べものを持ってこようとして部屋を出たら、他の囚人役がこいつは悪い囚人だと囃したてはじめたんだ。当の囚人役に聞こえかねないとわかって、ジンバルドーは部屋に駆け戻った。これが次に起こったことだ。ネット上にある。ぼくのノートパソコンにリンクが保存してあるよ」

ボブ「はらはらするな」

エド「ジンバルドーはこう述べてる。『わたしは出ていこうと提案したが、彼は拒否した。泣きながら彼は、他の者たちが彼を悪い囚人だと呼んでいるから出ていけないと言った。気分が悪くなっていたにもかかわらず、彼は戻って自分が悪い囚人ではないと証明することを欲した。その時点でわたしは言った。「いいかい。きみは819号ではない。きみは［彼の名前］だし、わたしの名前はジンバルドー博士だ。わたしは心理学者であり、刑務所長ではないし、これは本当の監獄じゃない。これは単なる実験だし、彼らは学生で、囚人じゃなくて、きみとまったく同じだ。行こう」彼は突然泣くのをやめ、悪夢からさめた小さな子どものようにわたしを見あげ、答えた。「わかりました。行きましょう」』」

デブ「へえ〜！　本当に自分の役に呑みこまれていたのね」

アリス「わたしもそう思うわ。でも、看守役がその人に、他の囚人のひとりをシャンクしろと命じたって考えてみてよ」

フラン「シャンク？」

ボブ「そう、監獄用語で『刺す』って意味。シャンクは自家製のナイフのことさ。アリスは警察もの（のドラマ）を見てるに違いないね」

アリス「ともかく、彼はきっとそうしないわ。そんなことがあったら、彼は現実に戻るはずよ。ちょうどジンバルドーが現実世界を思いださせたことで、そうなったようにね。わたしが言いたいのは、状況は自由意志を奪わないってこと。彼は自分の役割から抜けだすことができる——状況によって抜けだすのがむずかしくなってるとしてもね」

ボブ「それを確信してるかい、アリス？　ミルグラムの実験では、参加者たちは自分が学習者を傷つけてるって信じてて、それでもそうしたんだ。囚人役が別の囚人を刺せって言われたら、刺したかもしれないぜ」

アリス「あなたは重要な事実を見逃してるかもしれないわよ。ミルグラムの参加者たちは、電気ショックはひどい苦痛を与えるかもしれないけど、どんな永久的な組織損傷も引き起こさないって言われてた。でも、ジンバルドーの囚人役は、誰かを刺すと深刻な組織損傷が生じることを知ってたのよ。わたしは彼らがそうするとは思わない。だとしても、あなたの主張を完全に否定し去りはしないけどね」

フラン「これらすべてから重要なことを学んだわ。わたしたちの状況は、確かにわたしたちの行動に強い影響を及ぼす。そして、知ったからには、それは、わたしが自分の人生でつねに心にとどめておくことになるわ。わたしが少し勉強オタクっぽいのはみんな知ってるでしょ」

ボブ「少し？」

クリフ「やめんか、ボブ」

フラン「わたしはいっぱい勉強するし、成績も気にしてる。午前の授業に備えて鋭気を養うために、ほどよい時間には寝ようって努力もしてるのよ。家にいるときは簡単だわ。でも外出して楽しい時間をすごしているときは……」

ボブ「ウェアハウスで自由意志について話してるときみたいに？」

フラン「実のところそうなのよ。そういう状況だと、本当に帰らなきゃって思ってるときでも、ほかのみんながやってることに合わせてしまうことがあるの。何をするかを決定するとき、状況がわたしに及ぼしている影響についてもっと頻繁に考えるべきだと思う」

デブ「それに、そういうふうに考えるのは、確かにわたしたちみんながで きることだわ。わたしたちの決定は、自分が考えてることと独立に、わたしたちの状況によって左右されるんじゃない。状況は、わたしたちをゾンビやオートマトンにはしない」

アリス「社会心理学から学んだことを、わたしたちが話してた自由意志の三つのとらえかたに照らして検討すべきかもしれないわね。いまやるべきって言ってるんじゃないわよ。フランは勉強しなきゃいけないだろうし、このことに関して言えば、わたしもそうだもの」

ボブ「やはり社会心理学由来で、自由意志を否定する別の議論を見つけちゃってね。今夜、自由意志のガソリンスタンドに戻る前に話せるかもしれない」

フラン「わたしはそれでいいわよ。それと、今夜はいつもより少し早くはじめられるかしらね？」

仲間たちは、ウェアハウスに九時半に集まることに決める。

第8章 自由意志についてのウェグナーの主張

木曜の夜に

予定どおり仲間たちはウェアハウスに集まっている。

クリフ「やあ、九時三五分だ。こんなに早くここに来たことはないね。あのふたりのじいさんがビリヤードをやってるのに気づいたこともない。じいさんたちはほとんど毎週ここに来るってタッカーが言ってた。たぶんいつも一〇時より前に帰るんだろうな」

フラン「わたしみたいに、ほどほどの時間に寝ようとするのかもしれないわ」

エド「そうだね。だから、ぼくたちもこんなに早くここにいるわけだけど。それじゃ、ボブ、自由意志に関係するもっとたくさんの実験について話してくれるんだっけ」

ボブ「準備万端さ。ダニエル・ウェグナーって名前の社会心理学者が『意識的意志の幻想』って本を書いた。その主要テーマのひとつは、意識的意図は決して、対応する行為の諸原因のなかにはないってことなんだ。ウェグナーはそれを、自由意志を不可能にするものだとみなしてる」

クリフ「火曜の夜にフランがリベットの考えかたについて話してくれたけど、自由意志が身体的な行為を産みだすことに関係するためには、その行為をしようっていう意識的意図から行為が生じる必要があるってことだったよね。ウェグナーは、そういうことを念頭に置いてるんじゃないかな」

ボブ「そのとおり」

デブ「話を一歩前に戻したいわ。すると、ここに九時半までに着こう、っていうわたしの意識的意図は、わたしがここに九時半までに着くことの諸原因のなかにはないってこと？」

ボブ「そうなんだよ。でも、ウェグナーはぼくたちが近接的意図と呼んだもの、つまり、いまものごとをしようとする意図に関心を絞ってるんだ」

クリフ「ぼくはいま『いま』と言おうと、いま意図している」

ボブ「『いま』と三度言ったね。そうしようと意図したのかい？」

クリフ「そして、いまぼくは、きみの質問を無視しつつ、指を鳴らそうと意図してるのさ」

エド「きみが『諸原因のなかに』と言ったのを聞いたぞ、ボブ。少し突飛に響くんだが」

ボブ「ああ、それはウェグナーの言いかたじゃない。ぼくの言いかたなんだ。九時半までにここに来ようっていうぼくの意識的意図が、ぼくがここに九時半までに着くようにさせた、ってぼくが言ったとしよう。これだと、それ（意図）がこのこと（九時半までに着くこと）の唯一の原因だ、ってほのめかしてることになるかもしれないだろ。でも、そのほかの原因ももちろんあったんだ。ぼくの車は問題なく走っていた。ぼくはこの前の迂回路を覚えていた。ぼくの心臓は動いていて、ぼくの脳へ酸素が運ばれていて、などなど。ぼくの意図そのものにしても、さまざまな脳の出来事によって引き起こされたものだ、と前提している。こうしようってみんなで決めたことをぼくは覚えているとか、やるって承知したことは実行するように気をつけているとか、そのほかたくさんのことによってね……」

デブ「友だちに対する配慮も含めてね。あなたはいつもすごく時間に几帳面だもの。あなたが遅れると、みんな心配になるわ」

ボブ「もちろんだとも。それから、ぼくは自分の意図のもろもろの原因が、自分の意図が引き起こす出来事のさらなる遠因だとも前提してる。これらぜんぶを認めた上で、ぼくは「諸原因のなかに」って言うんだ。ぼくの意識的な意図は、ぼくがここに九時半までに来るひとつの原因だ、って言うこともできたとは思う。「ひとつの原因」が「唯一の原因」と理解されないかぎりは、それでもいいかな」

クリフ「了解。それじゃ、ウェグナーの議論についてぼくたちに話してみてよ。ヴェグナーじゃなくて、ウェグナーって確かに言ったよね」

ボブ「言ったよ。彼は、自由意志は幻想だっていう説のために二種類の論証を使ってる。一種

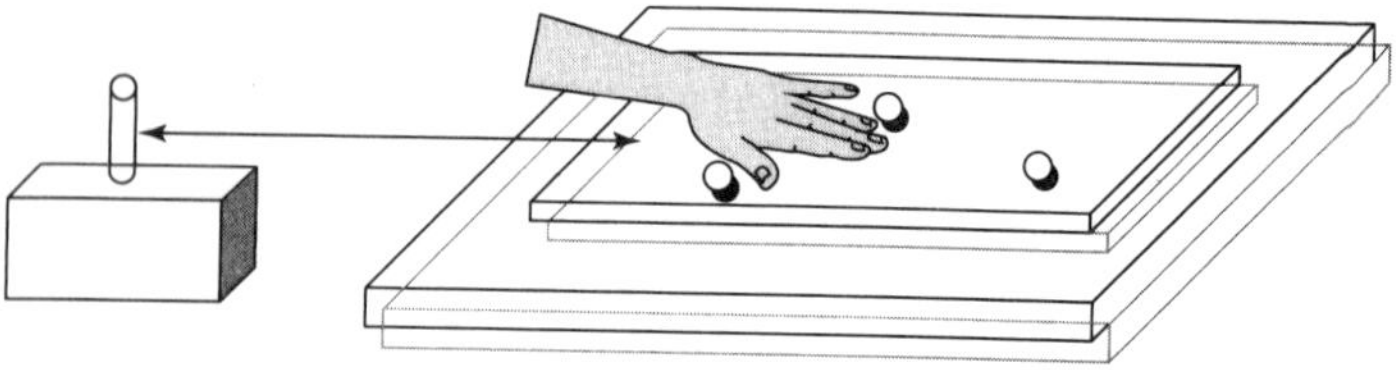

類目は、リベットの研究に基くものだ。リベットの実験については二日前の夜に話したから、また話す必要はないよね。もう一種類は、人々が行為について犯す一定の種類の誤りについての証拠、および自動的な行動についての証拠に訴えるものだ。どの種類の実験から話しはじめるのがいいか決めようとしたんだけど……」

デブ「それで、どれに決めたの？」

ボブ「一九世紀末に自動運動記録器を使って行われた自動性についての実験からはじめるよ。自動運動記録器っていうのは、参加者が手を置く奇妙な仕掛けのことなんだ。参加者と自動運動記録器にとりつけられた記録装置とのあいだには遮蔽物があった。記録装置は、自動運動記録器の上のガラス板のほんのわずかな動きでも測定するんだ」

クリフ「旧式の装置っぽいね。絵か図は見つけた？」

ボブ「うん。ぼくのノートパソコンにあるよ」

ボブは自分のノートパソコンをみんなにまわす。それには上の図が表示されている。

クリフ「いかしてるね」

ボブ「いろいろな発見のなかに、こういうのがある。きみがその仕掛けの上に手を置いたとするね。ぼくがメトロノームを動かして、きみにそのカチカチいう音を数えてくれって言ったら、きみは自分で気づかないうちにリズムに合わせて手を小さく動かすかもしれない。もしぼくがきみに、道路工事の瓦礫でいっぱいなウェアハウスの駐車場について考えてくれって言ったら、きみは自分の手をそこへ向けてゆっくり動かすかもしれない――そうとは知らずにね。このビリヤード場のなかで、ぼくがきみに何か――たとえば、いいビリヤードキュー――を隠させて、それからそのキューについて考えてくれって言ったら、きみは――それを認識することなく――とてもゆっくり自分の手をその方向に動かすかもしれない」

アリス「それで、どうしてこれが重要なのかしら？」

ボブ「ぼくたちはときに、意識もしてないし、意識的に意図してもいない行為を行うってことの証拠のひとつなんだよ。意識的な近接的意図は決して対応する行為の諸原因のなかにはないっていう考えを論証するための小さな一項目だよ」

アリス「ここからどういう展開になるのか拝見するわ」

ボブ「ファシリテーテッド・コミュニケーションと呼ばれてるものがある。深刻な自閉症や脳性小児麻痺といった問題をかかえた人たちが意思疎通を行うのをたすけるために考えられた手法でね。訓練を受けたファシリテーターの仕事は、こういった人たちがキーボードのキー――

クライアントが文章を打つために押そうとしているキー——を押すのをたすけることだった」

デブ「クライアントがどのキーを押そうとしてるのか、どうやって知ったの？」

ボブ「ファシリテーターは、クライアントの動きを見まもることで、クライアントがどのキーを押したいのか感じとるとされていて、クライアントの動きを制御することは避けるとされてたんだ。クライアントが押したいのだと彼らが思うキーをクライアントが押すのを補助するためだけにその場にいたわけだ。多くのファシリテーターが意図していたのはまさにこうだ——誘導したり制御したりせず、たんに手だすけをすること。そして彼らは自分がやってるのはそれだけだと信じていた。でも実は、ファシリテーターたちはどのキーが押されるかを、したがって、何がタイプされるかを、自分でも気づかずに制御してたことがわかったんだよ。キーボードでタイプされた文章を本当に書いたのは、ファシリテーターだったのさ」

フラン「するとこれは、意識的にやろうとは意図していない行為を、気づかずにやってしまうってことの、もうひとつの例なのね」

ボブ「ウェグナーは、テーブルターニングと呼ばれる降霊術の現象も検討している。何人かの人が、霊がテーブルを動かしてくれるようにと思いながら、テーブルに手を置くんだ。ときにはテーブルは動いた。もちろんその人たちが動かしてたわけだけど、自分たちが動かしてるとは気づいてないようだったし、意識的に動かそうと意図したわけでもなかった。これは一九世紀に人気があったんだよね」

クリフ「あのふたりの老ビリヤードプレーヤーたちは、やったことがあるのかなあ」

フラン「さて、これで、そうしようと意識的に意図してもいないし、そうしてることに気づいてもいないけど、そうしているという三つ目の例が出たわけね。でも、ここからどうやって、意識的意図は対応する行為の原因では決してないって結論にたどりつくの?」

クリフ「『決して諸原因ではない』なのか、『決して諸原因のなかにはない』なのか、どっちの意味で言ってるのかな?」

フラン「あとのほうの意味よ。ごめん」

ボブ「それはもうすぐ話すことになるよ、フラン。次は、ウェグナーの本からの、ちょっと違った話だ。ある種の前頭葉の損傷は、『利用行動』って呼ばれるものを引き起こす。こんな例がある。きみにその障害があるとして、ぼくが空のグラスと水の入った水差しできみの手に触れたら、きみはそのグラスを水で満たすかもしれない。ぼくがきみにメガネで触れると、きみはメガネをかけるかもしれない。そして、ぼくが別のメガネで同じことを試すと、きみは自分がかけているメガネのまさにその上にそのメガネをかけるかもしれない。ウェグナーはそういう場合、行為の経路は意図を迂回すると示唆している――起こっているのは、刺激への一種の自動的反応だってね」

エド「自動運動記録器の実験で起きることと似てるな。あの場合の刺激は、メトロノームのカチカチ音や、駐車場や、隠されたビリヤードキューについて考えるように言われることだった」

フラン「さあ、これで……」

ボブ「うん、フラン、きみの質問に答えるときだね。これについてはノートパソコンで多少メモをとったよ。ウェグナーの本から引用しよう。『どちらかでなければならない。自動運動が、日常生活での意識的行動の因果関係という一般的背景に対立する奇妙なことであるのか、あらゆることをまったく根本的にひっくりかえして、意志の感覚を伴って起こる行動がどうも奇妙な場合であって、より基本的な根底的システムへの付属物であると考えはじめるかのどちらかでなければならない』」

エド「その考えかたがわかったと思う。もし、どちらかでなければならないというなら、ぼくのすべての行為は同じ基本的な仕方で引き起こされなければならない。だから、もし意識的な意図ではなくて自動的な仕組みによって引き起こされる行為が若干でもあるならば、すべてがそうだということになる」

ボブ「うん、それが基本的な考えかただよ。ぼくたちが自分がすることをしようという意識的意図を確かに持ってるときだって、その意識的意図がそのことを引き起こすことを、ぼくたちは経験しないとも、ウェグナーは考えているんだ。そうじゃなくて、意識的意図が（行為を）

引き起こしたって、ぼくたちは推論する、と彼は思ってるんだ。ぼくたちは自分の意図を経験し、ほんの少しあとに自分の行為を経験し、そこで前者が後者を引き起こしたと推論するんだって」

アリス「ええと、わたしにわかる範囲でいうなら、その推論が正しいときだってあるんじゃないかしら。その意図がその行為の唯一の原因だったたって推論しないかぎりは」

エド「すべての行為が同じ仕方で引き起こされるなら、その推論は正しくならないんだよ——意識的意図によって引き起こされない行為があることを、ぼくたちが知っていると前提すれば、だけど」

デブ「それに、自動運動記録器上の手の動きとか、ファシリテーターによる制御行為なんかを念頭に置いてるんでしょ」

エド「そのとおりさ。アリスだって、これらの行為がそれらを遂行しようとする意識的意図によって引き起こされちゃいないことは認めてかまわないんだろうけど、すべての行為が基本的に同じ仕方で引き起こされるのは受け入れがたいんだろうと思うな」

デブ「意識的意図が、それに対応する行為の諸原因のなかにあるときもある、っていう科学的証拠はあるの？」

ボブ「それは調べたよ。実行意図についての実験が証拠を提供してくれる。ぼくが読んだレビュー論文は自由意志にも関係してないし、意識にも特に関係していない。でもその結果は、ある種の意識的意図がびっくりするほどの効果を与えるって示すものだ」

アリス「話してよ」

ボブ「実行意図とは、一定の場所と時間、あるいは一定の状況において、あることを行う意図のことなんだ。実際の実験から例をあげよう。ある実験の参加者は、次の月に、乳房の自己検査をしようと思っている女性たちだった。女性たちはふたつのグループにわけられた。女性たちが言われたことには、違いがひとつしかなかった。片方のグループは、翌月の検査を行う場所と時間を実験中に決めろと言われ、もう片方のグループは言われなかった。彼女たちは実験が終わる前に決めたことを書きとめた。そして、もちろん彼女たちは、自分が何を書きとめてるかを意識していた。意識的な実行意図を持っていたんだ」

クリフ「きみはなんでこの実験からはじめたんだい、ボブ？」

ボブ「よくわかんないな。それにぼくは、自分の決定に影響することぜんぶに気づいてるわけじゃないよ。ともあれ、実験の結果は興味深かった。実行意図の指示を受けた女性はみんな翌月に乳房検査を受けたし、そのうちひとりを除いて、基本的に、前もって（実験中に）決めた時間と場所でそうしたんだ。でも、もう一方の（グループの）女性は、五三％しか翌月に乳房検査を受けなかった」

アリス「それは注目に値するわね。それにわたし自身、銘記すべきことだわ。わたしも次の検査の場所と時間を前もって決めなくちゃ。そしたら来月実際に検査を受ける確率が一気にアップするように聞こえるもの。わたし、よく忘れるのよ」

ボブ「別の例を出そう。激しい運動の利点についての話があった。またまた、ふたつのグループがあった。片方のグループは翌週行う二〇分間の運動の場所と時間を実験中に決めるよう言われ、もう片方のグループはこの指示を与えられなかった。（前者の）実行意図グループは、九一％の人が翌週運動をしたけど、もうひとつのグループは三九％しかしなかったんだ」

アリス「わたしが銘記すべきことがまたひとつ」

クリフ「ぼくもだよ。そうすれば、規則正しい運動を日課にすることだってできるかもしれないな。たとえば、しばらくすると、月、水、金の授業の前に運動する習慣がつくかもしれない」

ボブ「最後の例だ。今回の参加者は、もうすぐ求職活動をすることになってた回復中の薬物中毒患者だった。その日の終わりまでに全員が履歴書を書くことになっていた。片方のグループは午前中に、そのあとその日のうちに履歴書を書く場所と時間を決めるように言われた。もう片方のグループは昼食を食べる場所と時間を決めるように言われた。第二グループでその日の終わりまでに履歴書を書いた人は誰もいなかったけれど、第一グループの八〇％は書いたんだよ」

フラン「これもすごく印象的ね」

ボブ「そして、ぼくは、たった三つの例しかあげてないよ。ぼくが読んだレビュー論文では、それぞれ別個の九四件の実行意志の実験で、実行意図が行動に著しい影響を与えたってことを知ったよ。しかもその論文はずっと前、二〇〇六年に発表されたものだ。いまだと（実行意志の実験の）数はもっと多いに違いない」

エド「確かに物事を行おうとする意識的な実行意図は、それを行う可能性を高めるように思われるね。対照群の女性はみんな、乳房検査を行う動機が何かあったし、その多くは、そのときは次の月に検査をしようって意図してたかもしれないけど、場所と時間を前もって意識的に決めはしなかった。実行意図は確かに重要な因果的働きをしてるみたいだ。でも、それらが意識的な意図だったことはどれくらい重要なんだろう？　無意識の実行意図もまったく同じ働きをするんだろうか？」

アリス「それはもっともな問いね。でも、無意識の実行意図が意識的なのと同じように働くって仮説を試すとして、どんな種類の実験を使えばいいのかしら？　実験者は、無意識の実行意図を誘発する方法を見つけだして、それからそれらの実行意図が意識的なのと同じように働くかどうか確かめなきゃいけないのよ」

クリフ「無意識的な実意を誘発できたかどうか、どうやって知るんだろうな？」

ボブ「『実意』ね。いい省略だ。ええと、たとえば、乳房の自己検査の場合、実意を誘発しようとして、研究対象の女性たちが対照群よりも有意によい結果を出したら、それは実意がうまく誘発されたって証拠になるだろうね。でも、無意識の実意をどうやって誘発しようとするのかはわからないな。もしかして催眠術とかかもしれない。それに、自分たちが誘発した意図を参加者が意識してなかったことを確かめる必要もあるだろうね」

アリス「今後どうなるか待つしかないんじゃないの。でも、少なくとも意識的な実意に関しては、それがどう働くか、わたしたちはよくわかってるわよ。おそらく、ボブが言った三つの研究では、以前、意識して報告した（何かを行おうとする）意図を、人々は——しかるべきときに（at the right time）——意識して思いだしている。そして、意識して思いだすって事実は、乳房検査を行ったり日課の運動をしたりするといった可能性を増すのよ。意識して思いだすことは、確かにわたしのたすけになるわ。わたしの主な問題は忘れてしまうことだもの」

デブ「意識的な実意自体というより、意識的な実意の神経相関物こそが本当の因果作用をしてるんだって言う人もいるかもしれないと思うわ。無意識の実意がその作用をしてるんだっていう考えじゃないのよ。そうじゃなくて、神経化学的な事象がそうしてる——意識的な実意に関連する神経化学的な事象がそうしてるっていうものよ」

クリフ「哲学専攻の知りあいの誰かからそんな考えを聞いてもたぶん驚かないよ。問題は形而上学的なもののように思われるね。科学者っていうより形而上学者の問題だ」

ボブ「ＯＫ。では、意識的な実意といったものの神経相関物は、化学的だか電気的だか、何かそういった用語を使って記述されるような、一連の小さな関連する脳事象の集合体ってことだな。きみが何を言ってるのかはわかってるつもりだよ、クリフ。ぼくは自分がバカなことを言うのをときどき聞くと、そのことでぼくは恥ずかしくなるし、赤面するように思うんだよね。でも、その恥ずかしさや赤面を引き起こしたのは、自分がバカなことを言うのを聞いたことじゃなくて、その神経相関物がそうしたんだって言う人もいるかもしれない。この人は、恥ずかしさが赤面の原因じゃなくて、実は、恥ずかしさの神経相関物が因果作用をしてるんだとも言うかもしれない。こういうのは形而上学的な問題なんだ。もし科学者が恥ずかしいって感情をその神経相関物から分離できなくて、それぞれがもう片方なしに存在してるときに何が起こるか見ることができないなら、そのどちらが因果作用をしてるのか、調べる試験はできないよ」

クリフ「そのとおりさ。こういう問題は確かにおもしろいけど、科学的な問題じゃないんだ。おまけに自由意志にとっても重大な問題じゃない。たとえば、最上の形而上学理論で、すべての因果関係は亜原子粒子[*1]レベルで起こるって言われても、それならそれでいいよ。そしたら、もしぼくたちがときには自由に行為するとしても、ぼくたちの自由な行為は亜原子粒子レベルで引き起こされてるってことになる」

アリス「あなたはトップシェルファー的な自由意志を無視してるわ。もし自由意志が非物理的な魂とか心に依存するっていうなら、自由意志はこれらのものが何らかの因果作用をすることに依存してるはずよ」

クリフ「正しいね。ぼくはレギュラーとミドルクラスの自由意志のことを考えてた。それに、よくは知らないけど、意識的な実行意図とその神経相関物の区別は作為的だといわざるをえないんじゃないかな。ひょっとして神経上の何かと意識的な実行意図とは同じものなのかもしれない。ということは、意識的な実行意図は単に神経上の何かかもしれないんだ」

アリス「そろそろ、わたしたちが話してきた科学が、自由意志のあの三つの異なる考えかたとどう関係するか見ていくときじゃない？」

デブ「アリス、あなた、また『まだ着かないの〜』ってやってるのね」

フラン「その前に少しまとめたいわ。わたしの理解だと、ウェグナーの考えのひとつは、自由意志を持つかどうかは、自分の意識的意図が、対応する行為の諸原因——それか、ボブが好きな言いかたをすると、諸原因のなかにある——かどうかにかかってるってこと。そして、もうひとつの彼の考えは、意識的意図は決して現実に行為を引き起こすことはなくって、その代わ

＊1　亜原子粒子（subatomic particle）　原子より小さい粒子のことであり、素粒子と複合粒子というふたつの種類がある。

り、無意識のメカニズムが引き起こすっていうことね」

ボブ「いまのところいいんじゃない。そして、二番目の考えには、重要な部分がふたつある。第一は、ぼくたちの行為のなかには意識的意図によって引き起こされてないものがあるって証拠があること。第二は、行為はすべて基本的には同じ仕方で引き起こされるってことだ」

エド「そして、これらのふたつの部分を合わせると、意識的意図は対応する行為の諸原因のなかには決してないって結論が得られるわけ」

アリス「そして、この結論には疑いなく異論の余地があるの。前にも言ったけど、なぜすべての行為が同じように引き起こされなきゃならないかがわかんない。あなたがものを隠した方向とか、あなたが思い浮かべている駐車場のほうへ、それと気づかずに手を動かすことと、そうするって承知したとおり、ウェアハウスに九時三〇分までに姿を見せられるよう、意識して部屋を九時一五分までに出ることのあいだには大きな違いがある。そして、意識的意図がときには有効——つまり、それは意図された行為へつながる——っていう証拠を、ボブが説明してくれた。もしときには意識的意図がそれに対応する行為の諸原因のなかにあるなら、自由意志に対するウェグナーの脅威は消え失せるわ」

フラン「だけどあなたは、意識的意図が自分が行おうと意図する行為の諸原因のなかにあるなら、自由意志にとっては十分だって言ってるわけではないのね」

アリス「そのとおりよ。ウェグナーは、自由意志にとって必要だと彼がみなすことは決して起こらないって言うの。そしてわたしは、その必要なことがときには確かに起こるって言ってるわけ――ときには意識的意図が、対応する行為の諸原因のなかにあるってこと。でも、あることの必要条件は、その十分条件と混同されるべきじゃないでしょ……」

ボブ「まったくそうだな。建物のなかで着席してることは、ウェアハウスのなかで着席してることの必要条件だ――だって結局のところ、ウェアハウスは建物だからね。でも建物のなかで着席してることは、ウェアハウスのなかで着席してることの十分条件じゃない。もしそうだったら、建物のなかで着席してるときはいつでも、ウェアハウスのなかで着席してることになっちゃうだろ。そしてありがたいことに、ぼくたちがそこで着席する建物のほとんどはウェアハウスじゃないし」

エド「自由意志にとって何が十分かって問題は、自由意志が何を意味するかって問題へぼくたちを連れ帰るね」

クリフ「まったくもってそのとおり。そして、すばらしい全体のまとめだったよ。もう寝る前の一杯の時間じゃないかな。でも、ここで飲むってんじゃないよ。ぼくの部屋へ行こう。そこからならみんな歩いて帰れるから」

エド「いい案っぽいね。ぼく自身は、きみの家へ車で行くことを意識的に意図してるよ。そして、そのように行為すると予想してる。明日の午後、またコーヒーショップに集まろう」

デブ「もうひとつすばらしい案が出たわね。わたしは両方とも賛成よ」

フラン「わたしは家に帰るわ。朝には十分休息がとれてるようにね。また明日」

仲間たちは、むこう一時間ほどの、そして明日の午後についての意識的なプランとともに店を出る。

第9章 科学的証拠とレギュラーの自由意志

金曜の午後に

場面：仲間たちはコーヒーショップの窓際の席に座っている。

デブ「昨日の夜、ボブは、意識的意図が、対応する行為の諸原因のなかにあることもあるって科学的証拠を説明したでしょ。わたしたちが自由意志を持ってるとか、わたしたちはときには自由に行為する――『自由意志』っていうときの意味での『自由に』ね――って科学的証拠もあるの？」

ボブ「実行意図――それか、クリフの呼びかただと実意――を議論したとき、ぼくたちは何について話してるか、はっきりわかってたよね。実意は、一定の場所と時間に何かする――たとえば、履歴書を書く――って意図だ。そして科学者たちは、因果関係の証拠を与えるようなテストをするにはどうすればいいか知っていた。実意群の結果が対照群の結果以下だったら、実意には、単に目的を望むとか意図することに伴う程度の因果的な力しかないって証拠になっただろう。ところが、まったく違う結果になったんだ」

フラン「そうね。一定の時間と場所で乳房の自己検査を行うって実行意図を持つ群のうち、翌月中に実際に乳房検査を行う割合が、検査を受ける意図はあるけど前もって場所と時間とを選ばなかった女性とほとんど同じだったら、実意は、せいぜい単純な目的意図とおんなじくらいの効力しかないっていう証拠になったでしょうね」

アリス「わたしたちが昨晩触れたように、複雑な問題もあるわ。たとえば、無意識の実意が意識的なのと同じくらい有効かどうか知るために、それを誘発する方法を誰かが見つけたらいいかもしれないけど、とかね。それに、実意とその神経相関物のどちらが——それともひょっとして、その両方が——因果作用をするのかっていう形而上学的問題もあるわ。でも、この種の形而上学的問題が生じるのは、いろんなこととの関連においてよ。けさわたしが窓から外を見たとき、わたしは道が濡れてるのに気づいた。その原因って降ってる雨なの？　それとも降ってる雨に伴う亜原子粒子レベルの出来事なのかしら？　一方を他方から分離する方法が見つけられないなら、答えを見つけるための科学的なテストを設計することはできないわ」

デブ「さて、科学の話に戻ると、わたしたちが自由意志を持つ科学的証拠があるかどうかって問いをむずかしくしてることのひとつは、『自由意志』が何を意味するかについていろんな意見があるっていう事実よね。わたしたちはみんな、実意が何か——つまり『実行意図』が何を意味するか——を知ってるわ。じゃあ、『自由意志』は何を意味するのかしら？　自由意志の存在を肯定するか否定するかの科学的証拠を探すとき、わたしたちが探してるのが何なのかを知るためにも、その問いへの答え——それは複数かもしれないけど——が必要なんだわ」
エド「というか、少なくとも、そういった何かが必要だね。Xが自由意志を持つための十分条件だってぼくたちが知ってるとするよ。すると、Xが存在するって証拠を見つければ、自由意志が存在するって証拠を見つけたことになる。さらにYが自由意志を持つための必要条件だってぼくたちが知ってるとしよう。すると、Yが存在しないって証拠を見つければ、自由意志が存在しないって証拠を見つけたことになるよね」
アリス「これで、わたしがずっとみんなと議論したいって思ってきたことに戻ってきたわ。三つの異なった自由意志の理解の仕方について、わたしたちは話したわよね。ローライダーがいだいているような、ミッドグレーダーが理解してるような、トップシェルファーが考えてるような自由意志の存在を、肯定したり否定したりする科学的証拠があるかどうか議論できる。そして、これら三つの違った仕方のどれかで理解された自由意志について、肯定か否定どっちかの科学的証拠があるってわたしたちが思うなら、その証拠がどれだけ強力かについても考えることができるわ」
デブ「ようやくたどりついたんじゃないかって思うわ、アリス」
クリフ「ぼくもだよ。たどりついたんだ、アリス！　レギュラーの自由意志——ローライダーが念頭に置いてるたぐいのやつ——からはじめようか?」

エド「それは、どれにも負けないいい出発点みたいだね。」

クリフ「月曜日に、ローライダーたち——つまり両立論者たち——が自由意志で何を意味してるかってことをかなり話したよね。だから、ちょっと思いださせてくれれば何とかなると思う」

デブ「そうね。それに、あなたがよければ、わたしがそうしてあげたっていいわよ。ローライダーによると、自由意志は、操られてもいないし、強要とか強制もされていない一人前の決定者だってことに関わってるの。催眠術にかかってもいないし、銃をあなたの頭に突きつけてる人もいない、とかいろいろとね。あなたは何かについて決心する必要があって、それについて情報に基づいて決定をくだす能力があって、そのうえで決定をくだす——理由、つまり、賛成・反対の理由を考慮に入れてね。これらの条件をすべて満たすことが、あなたが自分の決定を自由にくだしたっていうための十分条件なのよ」

フラン「思いだしてみると、ローライダーは必ずしも、自由に決定するためにはこれらのすべてが必要だ、とは言ってないわよね」

ボブ「そのとおり。自由に決定するための十分条件——それで十分——だ、と言ってるんだよ。それと、あるときみが、ある提案に対して賛成票を投じる決定をするとして、その決定によってただちに、きみがそうする——つまり賛成票を投じる——ことになるとしてみよう。すると、ローライダーによれば、きみは賛成票を投じるのも自由に行うことになる。ぼくたちが自由に行うことができるのは、まるで自由に決定することだけに限られるってわけじゃないんだ」

アリス「もしローライダーが話してる決定形成[*1]、、、が意識的な決定形成だとしたら、ローライダーが提案する自由意志の十分条件が存在しないっていう証拠とされるもののひとつが、リベットの研究とか、そのほかの脳科学的実験から出てくるわ。覚えてる？　わたしたちは無意識に決定を行い、それから三分の一秒くらいあとにそれを意識するようになるってリベットは主張したし、そのほかの脳科学者たちも同じように言ったじゃない」

クリフ「うん、彼らはそう言ってる。でも火曜の夜に見たように、実際にリベットが発見したことでは、彼の実験でなされた近接的決定が無意識になされたって主張すら裏づけられやしない。脳波が増大しはじめたときに決定がなされるって彼の仮定は、ひいき目に見たって疑問の余地があるよ」

フラン「そのとおりね。それに、意識的に筋道立てて考えることがないとき、無意識に決定がなされるとしたって、そこからすべての決定が——まず、何をするか意識的に注意深く筋道立

＊1　決定形成　原文は“decision making”。一般に「意思決定」と訳されているが、実はこれは適切な訳とは言えない。この語句は単に決定という行為やその形成過程を意味しているのであり、あえて、「決定形成」と訳す。

てて考えるということがあって、なされる決定もぜんぶ含めて——無意識になされるっていう結論までは、道は遠いわ。リベットの研究では、参加者は、いつ手首を曲げるか前もって考えるなって指示されてて、手首を曲げはじめるのに、ある瞬間はその前後の別の瞬間よりもいいって考える理由もなかった。彼らの状況は、何をするかについて一生懸命——しかも意識的に——考えてる人の状況とはものすごく違うのよ。だから、リベットの実験の参加者たちが近接的決定を無意識にしたとしても、それを一般化して、すべての決定が無意識になされるって結論するのはまちがいだわ。もしかして、何をするかについて意識的に筋道立てて考えたら、何をするか意識的に決定する確率が、ものすごく跳ねあがるかもしれないじゃない」

クリフ「水曜の午後に見たように、これらと同じ点が、ぼくたちが議論したニューウェーブのリベット式の脳科学研究実験にもあてはまるわけだ——たとえば、ｆＭＲＩを使ったやつとかね」

アリス「わたしの見るかぎり、自由意志の両立論的な十分条件で、わたしたちが議論したような科学実験によって疑問に付されると思われるかもしれない、ほかのあとひとつの点は、情報に基づく決定をする能力に関することだわ。水曜の夜と昨日に、わたしたちが話した社会心理学の実験のなかには、行為が情報に基づく決定とみなされるに値する理由にはならないことによって、あまりにもわたしたちの決定が影響されてるって証拠を与えるものがあると言われるかもしれない。電話ボックスの硬貨、傍観者効果の実験、ナイロンストッキング研究……のことを考えてみてよ」

デブ「それから、スタンフォード監獄実験、ミルグラムの従順性についてのショッキングな研究に、善きサマリア人実験」

アリス「昨日の午後、フランが力説したのは、たとえばミルグラムの実験や傍観者効果実験といった、これらの研究のいくつかでは、操作のせいで、正しいことを行うのはむずかしくなるけれど、まちがったことをするように強制されるのではないし、自由意志が奪われるわけでもないってことだわ。さて、フランは、わたしが提起した情報に基づく決定の問題を直接扱ったわけじゃないけど、フランの言ったことはこの問題に関わってると思うの」

デブ「いま厄介なことはね、自由に決定するのに十分な程度、情報に基づいてわたしたちが決定を行うには、行為の理由じゃないものごとの持つ影響力が大きすぎるんじゃないかってことなのよ。フランが正しくて、実験のなかで多くの決定は自由になされたって仮定してみましょうか。それから決定が自由になされるには、情報に基づいて決定される必要があるとも仮定してみましょう。それなら、それらの決定は確かに自由な決定というに足るだけの情報に基いてるってみなされるよね――行為の理由じゃないことが、決定する人に重大な影響を与えるとしても。わたしが念頭に置いてるのは、たとえば、学習者に電気ショックを与える決定や、傍観者実験でたすけに行かないって決定や、監獄実験で囚人をいじめるといった決定よ」

エド「自由に決定するための十分条件として提案されたものを検討してるってことは心に留めておこうよ。てことは、ひとつの可能性として、これらの実験における決定の多くは自由になされたって考える点でフランは正しいけど、そうだとしても、情報に基づく決定とはみなされないってことはありうるね。情報に基づく決定ってことが、自由な決定であることにとって必要なら、事情は違う。その場合、これらが自由な決定なら、情報に基づく決定でもある。だけど、それはどうあれ、問題となってる決定が自由な決定かどうかをぼくたちは考えるべきだよ」

ボブ「賛成だな。デブは、自分の主張をする上でふたつの仮定を立てた。そのひとつは、いろんな実験における決定の多くは自由になされたって考える点でフランは正しいってことだ。その仮定は正しいかもしれない。でも、もう一度考えるべきだよ」

フラン「傍観者効果に戻りましょうよ。まわりにたすけられる人が（自分の）ほかに四人いるって信じてる場合でさえ、参加者たちは、自分自身がたすけに走るって決定を裏づけるのに十分な情報を持ってるわ。それに、思いだしてほしいんだけど、この条件下の参加者の三一％がまさにそうしたわけ。参加者たちがわかっていないのは、たすけにいく可能性のある人が何人いると自分が思ってるかってことが、自分が結局決定することにどれだけの影響を及ぼしうるかってこと。でも、これだけのことでどうして、何をするかについて情報に基づいた意志決定ができなくなるっていうのか、わたしにはわからないの。ここでもまた、三分の一の人たちは正しい決定をしてるわけだし、ほかの人たちも正しい決定ができたと考えるべきだと思う――彼らが持っていた情報を前提とするならば、ね。わたしが思うに、たぶん参加者がした決定はすべて、自由な決定っていうのに十分なくらい情報に基づいてるのよ」

デブ「ほかの研究についても、あなたは同じようなことを言うと思うわ」

フラン「そうでしょうね。たとえばミルグラム実験だと、実験の設定とか、不運な学習者役に電気ショックを与えつづけろっていう実験者の激励によって、どれほど自分が影響されうるか、参加者は認識してないでしょ。それに、学習者役にショックを与えるって行為をしたことが、その後ショックを与えつづける確率を増すような、一種の心理的なはずみを生じさせる結果を生んだかもしれないってことも認識していない。参加者にはこの情報がないのよ。それでも彼らには、（電気ショックを）やめると決意するのに十分な情報はあるわ」

エド「もし参加者のなかには電気ショックを与えつづけることを自由に決定したんじゃない人もいるって考えるなら、自由意志についてのローライダーが言っていることに出てくる「操作」の問題が、指摘されるかもしれないとも思うよ。これらの参加者は、学習者に強烈な電気ショックを与えるっていう決定を、それが自由な決定でなくなるような仕方で行うように、操作されたって考えられるかもしれない」

フラン「そう思うわ。それでも私は、これらは自由な決定であり、操作はそれらの決定が自由な決定でなくなるほど圧倒的ではなかったって信じつづけるわ。スタンフォード監獄実験についても同じことを言うかな。アリスがいい指摘をしてたでしょ。アリスが、どういう言いかたをしたか思いださせてくれるかも」

アリス「囚人役に素手でトイレ掃除をさせた看守役についてだったわね」

ボブ「げっ、またか。吐き気がするな」

アリス「何人かの看守役の学生がどうしてこんなことをする誘惑に駆られたのか、理解はできるけど、その誘惑が抗しがいものだったとは信じられないって、わたしは言ったのよ。これらの看守役はその誘惑に抵抗すべきだったし、抵抗しえたとわたしは信じてる。わたしの見るところでは、彼らには抵抗する自由があったけど、そうしなかったのよ」

デブ「おぼえてるわ。看守役の状況しだいで悪い決定をくだしやすくはなるけど、状況が囚人役をいじめることを強いるとはみなさない、とも言ったわね。彼らが自分のおぞましい考えに基づいて行動するかどうかは、ある程度は依然として彼らしだいだ、ってあなたは言った」

アリス「言ったわよ。そしていま、情報に基づく決定ってことについて言わなきゃいけないことがあるの」

ボブ「ぜひ聞きたいな」

アリス「看守役は、看守の役割を演じることで自分にどんな影響が及びかねないか——どれだけ自分の行動に影響しかねないか——が十分わかってなかったんだとわたしは確信してるの。この点では、ミルグラムの研究の参加者に似てるわね。だけど、そうだとしても、彼らはもっといい決定をするのに必要な情報をぜんぶ持ってたし、わたしが思うに、もっといい決定をすることもできたはずよ。環境が自分にどれほどの影響を及ぼしうるか理解してないことと、自由というのに十分なほど情報に基づいて決定することは両立すると思うわけ」

エド「そのほかの社会心理学の実験のいくつかに対する、水曜の午後と昨日の、ぼくたちの反応を考えれば、フランとアリスは、そのほかの実験について何を言うのかわかっちゃうくらい、ここまで話してくれた実験の参加者が持つ情報に関してしゃべってくれたと思うな」

デブ「いま俎上に載っている仮説は、行為の理由でもないことが決定に及ぼす影響があまりにも大きくて、わたしたちの決定が自由になされるといえるほど情報に基づくものにはならないんじゃないかってことなのよ」

エド「そうだね。そして、フランとアリスは実験の参加者たちは、自由な決定に十分な情報を持ってる、と言ってるわけだ」

クリフ「ぼくはふたりと同意見だ。それから、さっきエドが力説した点も気にいってるよ。参加者たちが自由に決定してないって考えるとしたら、それは実験上の操作によって自由に決定できなくされてると考えてるからかもしれない。でも、ローライダーは手を打ってるよ。彼らが提案する自由な決定の十分条件には、決定者が操作されてないって条件が含まれてるからね」

ボブ「本当だね。ローライダーは、自由な決定であるためには操作されてないことが必要だ、とは言ってないんだ。だから、操作されてる参加者が自由な決定をしてるって点で、アリスとフランに賛成できる。でも一部の決定——たとえば、最大レベルの電気ショックを与えるような決定——で、自由な決定をしていると認めてもらえなくても、ローライダーとしては、それが自由な決定じゃないって主張が正しいとしても、それは操作の力があまりに大きいからだって言える」

エド「そして、もちろん、ぼくたちがまったく操作されてないときはある。操作が強力だと自由意志が不可能になるとしても、ぼくたちの決定が自由なものであることは決してないって話にならないのは確かだよ」

アリス「その点は自明だって思われるかもしれないけど、重要なことね。操作が極端な場合には正しいってことを一般化して、どんな場合にも正しいって判断をすべきじゃないわ——まったく操作がない場合を含めてね」

ボブ「ぼくたちの問うたことのひとつに、ローライダーが『自由意志』が何を意味するか真相を知ってると仮定したうえで、ぼくたちがときには確かに自由に決定するって証拠があるのかどうかってことがある。みんながこれについてどう考えているか、ぼくは知りたくてたまらない」

クリフ「この話題に話を戻してくれてありがとう、ボブ。もう一回言うけど、ローライダーが自由に決定することの条件として提示するのは次のようなものだ——（もちろんその人が行う決定に関係するような何らかのかたちで）操作されてもいないし、強要も強制もされていない一人前の決定者で、当面の事柄について情報に基づいた決定ができて、理由を根拠として情報に基づく決定ができること」

アリス「これらの条件のすべてを満たすときがあるって、たくさんの証拠があるわ。わたしたちがプラス面とマイナス面（pros and cons）を考慮して情報に基づいた決定をするときがあるってことには証拠がある。わたしたちが自由意志について議論しているあいだに、わたしたちがくだした多くの決定についてちょっと考えてみてよ——昨夜九時三〇分にウェアハウスに集まるっていうわたしたちの決定、水曜夜にナイロンストッキング実験から話をはじめるっていうクリフの決定、昨夜、わたしたちと一緒に締めの一杯を飲みには行かないっていうフランの決定、そのほかいろいろあるわ。それらは情報に基づく決定だった。そして、そうだったたって証拠をわたしたちは持ってる。くわえて、これらの決定が強要されたわけでもなく、強制されたのでもなく、操作の産物でもないって信じる根拠をわたしたちは持ってるわ」

ボブ「どんな根拠を念頭に置いてるの？」

アリス「ふたつのことの組みあわせよ――第一に、何をするか筋道立って考え、その筋道に基づいて決定するっていうわたしたちの経験、そして第二に、わたしたちが強要とか強制とか操作をされてるって信じるどんな理由もないことだわ。そんなことは何ひとつわたしたちに起こっていないって、わたしたちは確かに感じてる。それは通常の状況でわたしたちが筋道立った思考をし、決定するときの経験の一部よ。そして、このことについてわたしたちが感じてることが的外れだって思う理由は何もないわ」

ボブ「なるほど。すると、もし『自由意志』がローライダーが言うとおりの意味なら、人々がときには自由な決定を行うって証拠をぼくたちは持っているね」

アリス「そうよ」

フラン「でも、もしローライダーが、自由意志の意味についてまちがっていたら、わたしたちはもっと先へ進まなきゃいけないわ」

エド「そのとおりだ。ぼくはフランとアリスが社会心理学の実験について話してたとき、これに関連することに気がついたよ。参加者は実際にやったのとは違う行動ができただろうって彼女たちは何度か言った。ぼくたちが月曜の午後に『できただろう』について議論したのを覚えてるかい？」

クリフ「ああ。一部の両立論者が考えてるように、実際にしたのとは違う決定をすることもできただろうっていう事実は、決定論と両立可能なんだ。彼らに言わせれば、もし決定論が真であっても、ものごとが少し違ってたら、別の行動をとったかもしれない——たとえば、自分の気分が少し違っていたら、あるいは、もう少しよく考えていたら、ね。でも、ミッドグレーダーが考えがちなように、別の行動ができたってことは、深い選択可能性に依存している」

ボブ「ああ、そうだとも、深淵だ——深き選択可能性の最深なる深みだ」

デブ「深い選択可能性に必要なのは、あらゆること——自分の気分、思考や感情のすべて、脳、環境、それから、まさしく全宇宙とその全歴史——が、そのとき実際にそうだったとおりと仮定しても、複数の選択肢が選択可能だったってことよ」

ボブ「きみは月曜にもまったく同じように言ってた気がするよ。きみにはびっくりするような記憶力があるんだな」

エド「それからぼくの記憶では、デブ、きみはショウジョウバエについて、ぼくたちに何か話したがってたよね」

デブ「わたしが読んだニュース記事についてなんだけど、ある科学者グループがショウジョウバエに自由意志を見つけたってその記事にあったのよ。実際にはその実験は、小さなハエの脳が決定論的に働くか非決定論的に働くかについてのものだった。この問題を可能世界——月曜の午後に話したわよね――を使って表現することができる。ハエがある特定の時間に右に曲がるとしてみましょうか。その瞬間までありとあらゆることが完全に同じでありながら、だけどハエは違う行動をとる、そんな別の可能世界が存在するかしら？　もし科学者たちが正しければ、答はイエスよ」

クリフ「もちろん、それはハエが自由意志を持つことを意味しないけどね。動物が何かを自由とはいえない仕方で行うことができるとして、そのとき別の何かを自由とはいえない仕方で行うこともできたってことはありうるから[*2]」

デブ「まったくそうね。興味深いのは、動物の脳は非決定論的な器官かもしれないってことだわ。わたしたちはもちろん動物よ。そして、もしわたしたちの脳が非決定論的なら、わたしたちにはときには深い選択可能性があるかもしれないでしょ」

エド「ミッドグレーダーが考えるような自由意志に話が移ったようだね。彼らが考えていることをデブがぼくたちに思いださせてくれるかな」

デブ「基本的な考えかたはね、ミッドグレーダーは、ローライダーの考える自由意志に深い選択可能性を足すのよ。まず操作されてなくて、強要も強制もされていない、一人前の決定者を考えるの。そして、それに深い選択可能性を加えてみてよ。人が情報に基づく決定をするとして、その人がまさにそのときに異なる決定をすることができたとしたら、彼はそのとき自由意志を持ってるってわけ――ミッドグレーダーが考えるような自由意志をね」

エド「ＯＫ。ぼくたちが議論してきた実験は、ローライダーの自由意志を不可能にはしない。だから、それらの実験がミドルクラスの自由意志の存在を不可能にする唯一の方法は、追加された要素――深い選択可能性――が存在しないって証明することになるな」

アリス「そうね。ローライダー的自由意志をＸプラスＹプラスＺだとしましょうか。すると、ミドルクラスの自由意志は、ＸプラスＹプラスＺプラス深い選択可能性ってことになるわ。だから、それらの実験の結果がローライダー的自由意志の存在と両立可能なら、ミドルクラスの自由意志のあらゆるものと両立可能よ。深い選択可能性は例外って可能性はあるけどね」

ボブ「それで、深い選択可能性が不可能になるような実験ってあるのかい？」

エド「ぼくたちが話したもろもろの脳科学の実験は、脳が決定論的に働く証拠を示してるって考える人もいるかもしれないと思う。でも、もちろんそうじゃない。脳の読みとりをもとに参加者の行動を予測する（実験の）場合、ぼくたちが見つけたかぎりで、もっともすばらしい成功率は八〇％だった。それは深部電極を使うものだった。脳を読みとることで、参加者が大体

＊２　動物が……ありうるから　ハエの例で言うと、ハエがある時点 t で左に旋回したが、これはハエが自由に決定して旋回したわけではないとして、その後の時点 $t+d$ において、やはりハエの自由な決定によらずに右に旋回することはありうる。

いつごろW時刻を報告するか、実験者は八〇％の精度で予測することができた。W時刻っていうのは、動こうという近接的衝動や意図を最初に感じたと参加者が言う時刻だよ。覚えてるかな？　ここでは確率が出てきている。だから、脳が決定論的に働いていないこと――脳にはいくらか揺れ動く余地があるということ――と両立可能な何かがある」

ボブ「テクノロジーがもっと優れていたとしたら、予測の成功率もずっと上がって一〇〇％になるかもしれないって思うかい？」

エド「それを目にすれば信じるさ。それから、デブがショウジョウバエについてぼくらに話してくれたことを忘れるなよ。その発見をハエの脳が非決定論的な器官だっていう証拠として解釈する科学者もいるんだ。かれらが正しければ、脳のありかたが非決定論的であることはぼくたちの進化の遺産の一部かもしれない」

ボブ「でも、ぼくたちが深い選択可能性を持つとしたら必要な仕方で、脳が非決定論的に働くっていう実証的な証拠はあるのかな？　まさに決定するその瞬間まで、ときには脳で次に起きることが異なる可能性が存在するなんてことが本当にあるっていう証拠はあるの？」

デブ「そういう証拠を探したけど、やっと見つけたのがショウジョウバエの実験だったのよ。でも、当然ながら、人間の脳は途方もなく複雑よ。ある脳事象が（決定論的な意味では）何かによって決定されてはいないとか、部分的には偶然の産物なんてことが言えるほどすべてを制御するのは、ものすごく困難なことだし、現時点では明らかに不可能だわ」

ボブ「ガイガーカウンターのガリガリいう音を聞くことを考えてほしい。もしぼくの物理学専攻の友だちが正しければ、そのガリガリいう音は、決定論的に引き起こされたものじゃない――ベータ崩壊なんだよ」

アリス「わたしたちの目的にとって、ベータ崩壊が何かを知ることは重要なのかしら？」

ボブ「いや、別に。でも、それは放射性崩壊の一種だよ。ベータ崩壊は原子が電子または陽電子を放出するときに起こる。この過程は決定論的じゃないって、ぼくの物理学専攻の友だちは言ってた。それを支配する法則は端的に確率的なんだって。特定の原子は任意の時点でベータ粒子――つまり電子または陽電子――を放出するかもしれないし、しないかもしれない。そのときに起こるかどうかは、前もって決定されない、というか、決定されないと言われてるんだ。それで、ぼくが言いたいのは、もし彼らが正しいのなら、決定論的ではない何らかの事象がぼくたちが検知できることを引き起こすかもしれないってことだよ――ガイガーカウンターのガリガリいう音みたいな、ね」

デブ「世界で起こることについては、そのとおりだとしてみましょうか。音波が鼓膜にあたったとして、脳のなかでは必ずしも決定論的な展開があるわけじゃないって、どうやって知るのかしら？」

ボブ「なるほど。でも、ものごとは確実にすべて決定論的に進むってこともぼくたちは知らないよ。そうだろ？」

デブ「そうね。わたしにわかるかぎりでいえば、脳が決定論的に働くっていう十分な証拠をわたしたちは持ってないし、わたしたちがミドルクラスの自由意志を持つとしたら必要な仕方で非決定論的に働くっていう十分な証拠も持ちあわせていないのよ」

ボブ「でも、ぼくたちは（実際とは）違う決定ができただろうって感覚は強くあるんだよ。ぼくは決定をするときに、まさにそういう感覚をおぼえることがあるんだ。それは深い選択可能性の証拠じゃないかな？」

アリス「明日、物理学者がものすごい大発見をしたって、新聞で読むと想像してみてよ。彼らは決定論が真であることを証明したというのね。自分自身の個人的経験だけに基づいて、そのニュースがまちがいだってわかるの？」

エド「決定論が真だとしたら、ものごとはどう感じられると思う？」

ボブ「ものごとをいま感じてるのとまったく同じように感じられるんだと思うよ。言いたいことはわかるけどさ、エド」

クリフ「通りの向こうにサリーがいるのをたったいま見たと思うんだ。ちょっと走っていって確かめてくる」

クリフがコーヒーショップからいそいで飛びだす。仲間たちは窓ごしにクリフを見守る。

デブ「すばらしいタイミングだわ。もうすぐプレミアムの自由意志に目を向けることになると思うもの。わたしたちのなかでもっともスピリチュアルな友人にここに来てもらうのはいいことだわ」

クリフが戻ってくる。

クリフ「誰だったかわからないけど、どこへともしれず消え去ったよ」

ボブ「だとすると、それはサリーだったのかもしれないな」

アリス「今日は金曜だから、夜はみんなほかにすることがあるかもしれないけど、そうじゃなかったら……」

フラン「(言いかけた) 文の残りを予測させてよ。今夜集まって自由意志について話すのはいいかがかしら?」

アリス「一言一句そのとおりに言ったかどうかわかんないけど、それが基本的な考えね」

ボブ「うんと言ったら、自分がオタクになったことを認めることになるな」

エド「ボブ、オタクであることには、まったくもって何の問題もないよ」

フラン「そうよ。お仲間になりましょうよ」

クリフ「今夜何をするか情報に基づいた決定をしたいんだ。だから少し考えるよ」

デブ「そしたら、一〇時にウェアハウス？」
クリフ「うん、もちろん」
みんな喜んで賛成し、仲間たちは別々の方向へ去っていった。

第10章 科学的証拠とプレミアムの自由意志 そして金曜の夜

場面：仲間たちはウェアハウスの雰囲気にひたっている。小雨が降っている。

クリフ「サリーを誘ったけど、迂回路のことを伝えるのを忘れちゃった。いつ道路工事は終わるんだろうな」

フラン「サリーに会えるのはうれしいわ。ねえ、わたしたちは今週たくさんのことを扱ったわよね。自由意志について彼女にここまで説明する時間はないでしょうね」

クリフ「それについては考えたよ――実は結構しばらくのあいだね」

ボブ「意識的に？　無意識的に？」

クリフ「そうだなあ、相当長く意識的に考えたことはわかってるけどね。無意識でも考えていたら、どれくらい長く考えつづけたか知りようがないよ」

フラン「あなたが意識的に考えたことを話してよ」

クリフ「プレミアムの自由意志をほかと区別するもの――つまり、非物理的な魂や心――についてのコンサルタントとしてサリーは有能だろうってぼくは思ってた。それに、サリーは自由意志という話題が好きだろうとも思ってた。たとえ一切の予備知識（background）がなくてもね。実は、ぼくは、自由意志についての予備知識を彼女に少し話して、プレミアムの自由意志についての議論をおもしろいと思うかなって訊いたんだ。サリーはおもしろいと思うわって言った。だから、全体として見て、サリーを誘うのはすばらしいアイデアだと考えた。だから、そうすることに決めたのさ」

ボブ「とっても思慮に満ちているね、クリフ。で、きみは意識的に決めたのかい、無意識的に決めたのかい？」

クリフ「意識的に、だと思う。でも、ひょっとしたら、ぼくの意識的思考の結果として無意識的な決定が生じ、それを二、三ミリ秒後にぼくが意識するようになったのかもしれないな」

ボブ「きみがサリーを誘ってから、二、三ミリ秒後に？」

クリフ「いや、ぼくが無意識的に決定をしてから二、三ミリ秒後だよ。携帯を見つけて電話をかけるのに、しばらくかかった」

アリス「あなたたちはサリーが着くまでに、その話題からは脱却しておいたほうがいいかもよ。そんな脳科学をぜんぶ彼女に説明してたら、話が本題から外れちゃうかもしれないわ」

サリーが到着する。彼女が入ってくるとウェアハウスのエアコンが動きだし、照明が点滅し、二、三秒完全に消え、また点灯する。

ボブ「先月、あんな点滅が二、三回あったあと、建物全体が二〇分くらい停電したんだよな。またそんな目に合わないことを願うよ」

エド「何て劇的な登場なんだ、サリー！　会えてうれしいよ！」

サリー「ハーイ、みんな。あなたたちがすっごく哲学的になったって聞いたわよ。クリスタルセラピーとか、幽体離脱とか、そんなことを調べだしたの？　それとも哲学の教授が話すような種類の哲学について話してるの？」

エド「あとのほうだ。特に自由意志についてね。それでぼくたちは、いくつかの科学実験についてと、それらの実験が自由意志にどう関わるかについて、かなり話をしたんだ。今夜のぼくたちのプランは――少なくともしょっぱなは――自由意志についてのスピリチュアルな考えかたと、自由意志をそんなふうにとらえたとき、科学は何を言ってくれるのかを話すってものだよ」

サリー「興味をそそられるわ。もっと話して」

フラン「わたしたちはガソリンスタンドとの類比《アナロジー》を使ってきたの。ガソリンの三つの種類――レギュラー、ミドルクラス、プレミアム――と自由意志の三つの理解の仕方（の類比）ね。

それぞれの場合に、自由意志を持つのには——つまり、言ってみれば、自由に決定をするのには——何が十分なのだろうかということに議論を集中しているの」

サリー「十分って言ったわね。すると、特定のひとつの等級の自由意志だけに限る場合でも、正確な境界線を見つけようとしてるんじゃないのね。合わさったら自由意志の十分条件になるような、必要条件の集合を探しているわけじゃないのね。合ってる？」

アリス「そうよ。そんなことをしようとしたら、三つの等級のどれであろうと困難な課題になるわ。概念の境界のパトロールをするのはキツイ仕事よ。考えなくちゃいけない境界事例——あるいは、少なくとも境界事例のように見えるかもしれないもの——は多くの場合たくさんあるしね。わたしたちが考えている十分条件の一部が自由意志にとって必要でなくても、それはかまわないのよ」

クリフ「こういう考えかたもあるよ、サリー。自由意志の十分条件の集合についてひとつの案があって、それらの条件が決して満たされることはないというまともな科学的証拠はないと想像してほしいんだ。さらに、人々がときにはこれらの条件を満たすっていうまともな証拠があると想像してほしい。とすれば、これは自由意志にとっていい知らせだ——ただしそれらの条件が、『自由意志』が何を意味するかについて理屈の通った考えかたに本当に合っていそうな場合には、だけどね。そして、これらの条件のなかに実は自由意志にとって必要でないものが含まれてるとしても、その知らせがよいものでなくなったりはしないよ。自由意志にとって絶対に必要なものより多くを含む何かが存在するってことのまともな証拠があったところで、何の問題もない。実際に必要とする以上のお金が銀行にあるようなもんさ。何の問題もないよ」

サリー「理解したわ」

デブ「レギュラーの自由意志からはじめるわね。ジークが、自分がこれから行う決定に関して、どんな点でも操作されていなくて、強要も強制もされていない、一人前の決定者だとしましょう。ジークは何を行うかについて（それぞれの）理由を比較検討することができるし、情報に基づいた決定をすることができる。そして、彼は（行為の）プラスとマイナスを合理的に評価し、それをもとに、ある決定をするわけ。自由意志についてのこの考えかたによると、これだけでジークが自由な決定をしたというのに十分なのよ。わたしたちは、レギュラーの自由意志の支持者たちをローライダーって呼んでるの。ミドルクラスの自由意志が好きな人たちはミッドグレーダー。そして、プレミアムを選ぶ人はトップシェルファーね」

サリー「ミッドグレーダーとトップシェルファーについても教えてよ」

ボブ「自由意志をミドルクラスへと昇格させるには、ローライダーの自由意志に、ぼくたちが深い選択可能性って呼んでるものを加えるんだよ」

サリー「ああ、深い選択可能性ね。クリフが電話してきたとき、可能世界っていう言葉を使って説明してたわ。もしジークがスイート・ショップ[*1]へ行くと決めたとして、そのとき深い選択可能性があるとしたら、彼が決定する瞬間までのありとあらゆること――宇宙の全歴史およびすべての自然法則――が同じだったとしても、何か違うことが起こる別の可能世界があるんだって。たとえばジークは、あなたのお気に入りのコーヒーショップへ行くって決めるかもしれないのよね」

ボブ「そういうこと。ところで、きみは今日の午後、そのコーヒーショップの近くにいた？クリフがきみを見たって思ったたって。」

サリー「いいえ。一番近いとこでわたしが行ったのは、二～三ブロック先のガソリンスタンドね――そこは軽油を売ってるの。わたしの車はディーゼルなのよ」

フラン「それから、プレミアムの自由意志にするには、魂をミドルクラスの自由意志に加えるのよ」

サリー「それで、魂がどんなふうに自由意志に関わることになってるの？」

ボブ「魂が自由な決定をするとされてるんだと思うよ」

エド「魂がきみの決定をするなら、きみは決定しないことになるよね。でも、それならきみは自由に決定しないことになる。なぜって、きみは何も決定しないんだから」

フラン「ええと、もしかしたら、あなたは自由な決定をするときに、あなたの魂を使うのかもしれないわよ。もし魂がそういうふうに働くってことになってるんなら、決定してるのはあいかわらず自分でしょ」

クリフ「自分の心に加えて、あるいは、自分の脳に加えて、自分の魂も使ってるってことになるの？　それともそれらを一緒に――組みあわせて――使うのかな？」

ボブ「(歌いながら)♪魂の力があればやりたいことは何でも♪」

エド「今週のこないだ、ここでその歌がジュークボックスで鳴ってるのを聞いたよ。じいさんがそれをかけてた。ジミ・ヘンドリックスの『パワー・オブ・ソウル』だ」

ボブ「自由意志のことを歌ってるのかもね。それにジミヘンは、きみというのはきみの魂なんだ、と言っているのかも。どう思う？（ふたたび歌いながら）『♪きみの力があればやりたいことは何でも♪』」

クリフ「そういう質問をされると、サリーを誘ってよかったって思うなあ」

ボブ「六〇年代の音楽についての質問が？」

クリフ「いや、自分がどのように自分の魂に関わっているのかといった質問だよ」

＊1　スイート・ショップ　フロリダ州タラハシー市の、フロリダ州立大学のすぐそばにある喫茶店・軽食屋。

ボブ「それで、きみによかったと思わせるのは、質問自体なのかい？　それとも、きみがそれを聞くのに関係した亜原子レベルの出来事が因果作用をするのかな？」

サリー「なあに？」

クリフ「気にしないでいいよ、サリー。話せば長くなる。きみはどう自分の魂に関わっているのかな？　きみの見解は？」

サリー「むずかしい質問だと思うわ。魂とは何かについては、たくさんの異なる説があるの。魂は何であれ自分を自分にするもので、肉体が死んだあとも存在しつづける非物理的なものっていう考えかたが、わたしは好き。あなたの魂がいま、あなたであるとは言わないわ。でも、あなたが死んだあとはあなたになるの。あなたは存在しつづけるけど、異なる形態として、つまり魂としてなのよ。いまは魂はあなたの一部だって言いましょうか――あなたをあなたにする部分ね。もっと専門的な言いかたをすれば、いまあなたは肉体と魂とが複合したものだけど、あなたの肉体が死ねば、あなたは魂だけになるわけ」

エド「『魂』って言葉のそういう理解の仕方に従ってもかまわないよ。完全に理解してないとしてもね。ぼくは魂があるって信じてないし、自由意志に必要だとも思わない。でも、科学が現実について教えてくれることにもかかわらず、どうして魂の存在を現実的な可能性として考えるのか、ぼくにはわからないよ」

サリー「それで、なぜ魂（の存在）を信じないの？　単なる好奇心だけど」

エド「魂が存在するっていう考えかたは、ぼくたちが現実だと思ってるものの何らかの側面を理解するのをたすけてくれるはずの説だとぼくは思うんだ。ジークが死後の生の存在を信じているると想像してよ。そしたらジークは、死後の生がどうして可能なのかを説明するために魂の存在を措定するかもしれない。魂は、魂と複合している肉体が死んでも存在できるから、（死後の生は）可能になるって考える」

ボブ「なぜいつもジークなんだい？」

デブ「たぶんジークって名前の知りあいが私たちにはいなくて、めずらしい名前だからじゃないかしら」

エド「さて、死後の生なんだけど……もしそういうことがあると考えるとしたら、非物理的な魂を信じる必要があるかな？　ぼくはそうは思わない。死後の生を信じてるなら、たぶん神の存在も信じてるだろう。どうして神は、死後の生のための特別な物理的な体をつくれないんだろう？　きみの肉体は死ぬけれど、その直前に神は、きみをきみたらしめているあらゆるものを、ずっと改良された、永遠に存在し続ける、新しい物理的な体に入れてやる。それから、きみを天国へ連れていく。魂がきみのためにできることなら何でも、神はきみのためにしてあげることができるように思うんだけど」

デブ「だとしたら、天国って物理的な場所なの？」
エド「もちろんさ。ぼくたちの誰がそうでないってわかるのかな？　ぼくたちは天国へ行ったこともないし、行ったことのある人からも天国について聞いたことがないよ」
ボブ「それで、きみによると、何がきみをきみとしてるんだい、エド？」
クリフ「すばらしい『きみ』の使いかただね、ボブ」
エド「そうだな、きみの物理的な体じゃないとしたら、体のなかに収容されてるものだと思う──信念、記憶、選好、性格特性、習慣、などなど。死後の生についてのぼくの説は、神がこういったものを新しい体に入れてくれるってものだ──きみの新しい体にね」
フラン「あなたはこの説を信じてるの、エド」
エド「いや、ぼくは死後の生を信じていない。ぼくが言ってるのはただ、死後の生を信じてるとしても、非物理的な魂の存在を信じることなく、その考えを理解できるものにできるってことだけさ」
フラン「わかった。でも、わたしたちは本来の話題から外れていってるわよ──科学的発見は、プレミアムの自由意志が存在しないってことを証明するか？」
ボブ「きみはどう思う、サリー？」
サリー「そうね、この地球上での魂について考えると、何の作用もしないし、何も引き起こさない。だから、魂の存在とか非存在をどうやって科学的実験で検知することができるのか、わたしにはわからない。この地球上のものごとに関するかぎり、魂がなくたって、まったく同じようになるわ。いろいろ考えてみると、魂が必要になるのは死後の生よ」

ボブ「それなら、なぜぼくたちはいま魂を持ってるんだい？　なぜ魂がここにあるのさ？」

サリー「魂は、あちらへ行くために、こちらになくちゃいけないの——神のおわすところ、天国へ行くためにね」

クリフ「サリー、ミドルクラスの自由意志に魂を加えたものがプレミアムの自由意志だって説明したとき、きみを少し誤解させたかもしれない。ぼくがずっと考えていたのは、人に活力や動力を与えるものへ魂を加えるから、決定を行わせることにも魂が関係するようになるってことなんだ」

アリス「わたしもそう考えてたわ。ところで、私は自由意志のいろんな学説について多少読んでるんだけど、一部の哲学者がミドルクラスの自由意志に加えてる（魂じゃなくて）別のものに出くわしたのよ。それは『行為者因果』と呼ばれてる。最初はちょっと、作用している魂のように聞こえたわ。でも、必ずしも魂を伴うとは限らないことがわかったの。それでも、ミドルクラスの自由意志にはない何かをもたらすのよ」

サリー「魂が力や行為者であるとか、能動的な力を持ってたりするっていう魂の諸説については、みんなに話してあげられると思う。でも、さっき言ったとおり、わたしは魂をそんなふうにとらえてないし、行為者因果のことを聞くほうがもっと興味があるわ」

クリフ「いけいけ、アリス」

ボブ「ちょっと待った！　どうやってこれをぼくたちのガソリンスタンドに押しこむんだい？　ぼくらはすでに、レギュラー、ミドルクラス、プレミアムを使ってるんだよ」

デブ「軽油というのもありじゃん、ボブ。教えてよ、アリス」

アリス「ＯＫ、行為者因果を理解するひとつの考えかたはこうよ。因果を原因と結果のあいだの関係として考えるの。たぶん普通に因果について考えるときは、原因と結果は（何らかの）出来事よね。たとえば、古いエアコンが動きだすことが、照明の点滅を引き起こすかもしれない。もしそれが起きれば、因果関係はひとつの出来事を別の出来事に結びつけるのね」

ボブ「縁起でもないことを言わないでくれ、アリス。もし先月と同じように停電したら、その出来事は、汗だくになるような出来事をたくさん引き起こすよ。エアコンなしじゃ、ここはほんとに暑くなるんだ」

アリス「さて、行為者因果の場合、因果関係は行為者――これは人ね――を出来事に結びつけるの。その出来事は、たとえば、決定かもしれない」

エド「それで、それは、その人に関係する適切なもろもろの出来事が決定を引き起こすってことの、ひとつの言いかたにすぎないわけじゃないよね？　脳化学的な出来事とか、筋道立った意識的な思考とか、なんでもいいいんだけど？」

アリス「行為者因果理論によると、行為者による因果は、出来事による因果と違って、出来事による因果に還元したり、それに基づいて定義したりはできないのよ」

ボブ「それはどういうふうに働くことになってるわけ？　どんなふうにぼくは、行為者因果的なやりかたで決定を生じさせるんだい？」

アリス「行為者は単に、決定そのほかの何らかの行為や出来事を引き起こすってこと——因果関係は、行為者を決定そのほかの出来事に単に結びつける、ってこと——以上、言うことはないって言われてるように思われることもあるわね」

ボブ「それはあんまり啓発的だとは思えないな。でもいいよ。必要ならその問題に戻れるさ。いま知りたいのは、行為者因果をミドルクラスの自由意志に加えることで、何が得られることになってるのかってことさ」

アリス「あなたが火曜の午後に持ちだした問題に対する解答よ。その問題を例示するのに、もうひとりのボブって名前の男の話をしたわね。ボブは正午にコイントスして、フットボールの試合をはじめるって承知したのに、いかさまをして、（正午の）代わりに、二分遅れでコイントスをしないかと、ばくち打ちにそそのかされたのよ。そのばくち打ちは、一二時二分にコイントスがされることに賭けていて、ボブに五〇ドル払うと申してることで、いかさまをさせようとした」

クリフ「そのばくち打ちの名前はクリフっていうんだけど、ぼくじゃないよ。ぼくは賭けごとをしないんだ。ボブは、そのいかさまをした人（もうひとりのボブ）には、いかさまをすると決定したことについて道徳的な責任はないっていう話をして、それからそのことを、彼がいかさまをすると決めたのは自由な決定ではなかった、という考えに結びつけた」

ボブ「そのとおり。ぼくの話をフランはこう言いかえた。（もうひとりの）ボブは正しいことをするよう、全力を尽くして自分を説得する。でも彼は正午の時点でいかさまをしようと決意し、二分間ポケットなかののコインを探すふりをする。ボブにはそのとき深い選択可能性があって、正午までは過去も同じだし、自然法則も同じである別の可能世界では、彼の全力（での自分への説得）は十分なものだった――彼は正午の時点でコインをすぐ投げようと決意する。ぼくはこの違いは、コインの表が出るのと裏が出るのの違いとすごく似ているって感じたんだ――単に運の問題だって。ぼくはそれについてえんえんと話して、最終的にこう提案した。悪しき決定をするのか、その代わりに何か他のことをするのかについて、ボブは、自分が実際にくだす決定に対して道徳的な責任を負えるほどには制御できていないってね。結局、全力を尽くすときボブは、正しいことをするよう決意する（正午前の）確率を最大化するよう全力を尽くしたけれど、それでも彼はいかさまをすると決めたんだ。フランは、ボブがどういう決定をするかは、彼がくだす決定について道徳的責任を負えるほどには、十分に彼に委ねられてるわけじゃないって言ったよね」

フラン「そしてボブは、お話のなかのボブがいかさまをするって自由に決めたのだったら、彼はいかさまをすることに対して道徳的責任を負うことになっていただろう、って主張したの。だから、いかさまをするっていうボブの決定は自由な決定じゃなかったし、決定の時点での深い選択可能性は、現実には、その時点での自由な決定を不可能にするものかもしれないってわたしは結論したわけ」

エド「火曜日にボブがしてくれた、もっとずっと綿密な問題の説明を聞いても、ぼくは完全には納得しなかったな。でも、それは別の話だ。目下の問題は、行為者因果がどうやってその問題を解決するってことになっているのか、ってことだよね」

デブ「深い選択可能性についてボブが何に悩んでるのか説明したあと、アリスとわたしは、プレミアムの自由意志に解答が含まれているかもしれないかどうかを訊ねて、ボブはそれに答えてくれたんだけど」

ボブ「ぼくは、魂をミドルクラスの自由意志に加えることが、どういうふうに役に立つのかわからないって言ったんだ」

デブ「思いだしてみると、あなたはこう言ったのよ。もし完全に物理的な人間が、深い選択可能性のある場合に、自分の決定に対して道徳的責任を持って自由な決定を行うことができるほど十分に、自分が何を決めるか制御することができないとしたら、その人間に魂を加えたところで何の役に立つかわからないって。問題を引き起こしてるのは深い選択可能性であって、完全に物理的であることじゃないともね」

ボブ「そうだ。そして、ぼくのわかるかぎりでいえば、行為者因果をミドルクラスの自由意志に加えることについても同じことがあてはまる。問題は深い選択可能性によって引き起こされてるんだ。（因果関係が）当の出来事をある人の決定に結びつけるのか、それともその代わりに、行為者−原因としての行為者をその行為者の決定に結びつけるのか、なんてことがどうして重要なのか、ぼくにはわからないね」

サリー「わたしはそんなのぜんぶについてビギナーなのよ。ひょっとして、もうちょっと話してくれるのよね、ボブ？」

ボブ「そうだなあ、こんなふうに考えるのはどうだろう。ぼくが話したふたつの可能世界に戻って、その話にひとつだけつけ加えるんだ——ボブが行為者因果によって決定を引き起こす、ってことを。それによって、どうして彼の決定がもとの話よりもいっそう彼に委ねられたものになるのかわからないよ。重要なことは何も変わってないように思うけど」

サリー「行為者因果の哲学者は、行為者因果が『その人しだいの』因果だって考えているのかもしれないのかな？」

ボブ「それなら、行為者因果の何がそれを『その人しだいの』因果にするのか知りたいと思うな。因果関係によって、行為者における出来事が決定に結びつけられるんじゃなくて、行為者が決定に結びつけられるとしたら、『その人しだいの』因果があるというのは、そりゃまたなぜなんだろう？」

サリー「その問いに対する答えは見つけたの、アリス？」

アリス「そうでもないのよ。というか、見つけてたとしても十分には理解できなかった。いえ、もしかしたら理解したのかもしれないけど、筋道立った意識的な思考とか、そのほかの関連する出来事が持つ、決定を引き起こす力が過小評価されてると思ったわ」

クリフ「まあ、ぼくたちのガソリンスタンドで、軽油とプレミアムガソリンの給油ポンプを無視しても、レギュラーとミドルクラスの自由意志が、依然考えるものとして残ってるよ。それらについてのぼくの考えは、月曜から長らく話しあってきて、大きく進歩したとはっきり言える」

アリス「サリー、わたしたちの五日間の議論は、月曜の午後に、わたしが自分が読んでた記事についてボブに話したときはじまったの。それには、ある脳科学者グループが自由意志が存在しないと証明したって書かれてたのよ」

ボブ「そうだね。ニュース記事の主張をきみは正しいと思うのかって、ぼくがアリスに訊ねて、そこから出発して紆余曲折を経て、いまの地点へたどりついたってわけさ」

アリス「わたしたちの主な目的は、科学的発見が自由意志を不可能にするかどうか、そうでないとしても、少なくとも自由意志が存在しないって十分な証拠を与えてるのかどうか、を見きわめることだったの。自由意志についての考えかたのなかには、これ以上深くは考えるにはまだ十分理解してないものがあるとしても、レギュラーとミドルクラスの自由意志については、わたしたちの理解は進んだわ」

エド「それと、これには満足してるけど、少なくともローライダーやミッドグレーダーが考えてるような自由意志の存在を否定する強力な科学的証拠はない、ってことは、示せたよ」

ボブ「ぼくもエドと同意見だ。ミドルクラスの自由意志の可能性については留保があるけど、それは科学に基づく問題じゃない。それに、ひょっとしてこれについての哲学的著作を調べたら、問題に対する解答は見つかるかもしれない」

フラン「わたしもエドに賛成よ。ローライダーは自由意志に対する基準をあまりにも低く設定しているし、本当は自由意志には深い選択可能性が必要だってわたしは感じてる。でも、レギュラーの自由意志についてのわたしの問題は科学的なものじゃないわ。哲学的な問題だって言われると思う」

クリフ「ぼくたちが議論したいろいろなおもしろい実験に関してはエドは正しいと思うよ。そして、前にも言ったけど、ぼくは両立論が好きだ。ぼくはいつもレギュラーガソリンで十分なんだけど、レギュラーの自由意志についても同じだね」

デブ「わたしはいつか自由意志についての哲学の授業をとるつもりよ。そういうのが見つかったらね。でも、いまのところ、科学は自由意志への扉をひろくひらいているって考えに乗るわ——少なくとも、レギュラーとミドルクラスの自由意志についてはね。プレミアムと軽油の自由意志については、科学的実験がそれらにどう適用されるのか自信が持てるほどには、わかってないけどね」

アリス「わたしもデブと同じ。あなたはどう、サリー？」

サリー「わたしは魂についての授業をまずとりたいと思うわ」

ボブ「さて、金曜日の夜だし、あれこれ、まとめに入ってるようだね。ぼくたちの会話はすばらしかったし、ぼくはきみたちみんなから哲学と科学についてたくさん学ばせてもらった。トピックについて自分自身からでさえも何かを学んだよ。これはよかった。ともあれ、ぼくは明日から二〜三週間、街を離れるんだ。ニューヨークの家族や友だちに会いに行くんでね」

アリス「あなたの想いはニューヨークにあるの？」

ボブ（歌いながら）「♪チャイナタウンでも、リバーサイドでもかまわない。理由は何もないんだ。ぜんぶ置いてきたんだ♪」

エアコンが動きはじめるちょうどそのときに、ジミヘンの「パワー・オブ・ソウル」がインターネット・ジュークボックスで鳴りはじめる。照明が点滅する。そして、停電になる。まったくの暗闇——人々がライターを使いはじめるまでは。

ボブ「これはちょうどいいしるしだと思うよ。今夜はおひらきにしよう」

七人の仲間たちはウェアハウスから出ようとする。玄関のドアが一時的に動かなくなる。人々が集まってきて、最終的にタッカーがそれを押しあける。仲間たちは建物から最初に出た人々のなかにいる。

用語解説

行為者因果　行為者による因果作用。行為者因果は、出来事による因果に還元も定義もできない。

両立論　自由意志が決定論と両立可能であるというテーゼ。

深い選択可能性　ある時点で現実にそうであるとおりのあらゆることを前提として、その時点で行為者に同時にふたつ以上の選択肢があるという、決定論が偽であることを要件とする条件。

決定論　任意の時点での宇宙の完全な記述とすべての自然法則の完全なリストとが相まって、宇宙についいて真であるあらゆるその他のことを含意するというテーゼ。

脳波図（ＥＥＧ）　脳の電気活動を測定する検査の記録。

含意　言明Ａが言明Ｂを含意するのは、Ａが真であるならばＢも真であることが必然的である場合である。

自由意志（ディーゼル）　プレミアムの自由意志と非常によく似ているが、魂の力が行為者因果の力により置き換えられる点を除く。

自由意志（ミドルクラス）　レギュラーの自由意志に深い選択可能性が加わったもの。

自由意志（プレミアム）　ミドルクラスの自由意志に魂の力が加わったもの。

自由意志（レギュラー） 自分が行おうとする決定に関係するようなどのような仕方でも操作されておらず、強要も強制もされていない、十分な情報を持つ一人前の決定者であることに関連している。

機能的磁気共鳴画像法（fMRI） 脳内の血流の変化を検知することにより脳活動を測定する技術。

実行意図 特定の時間・場所で何かをする意図。

近接意図 いま何かをしようとする意図。

準備電位 意図的運動に先行する脳活動の漸進的増加のことで、通常脳波を使って測定される。

W時刻 実験の参加者（被験者）が特定の行為を遂行しようとする衝動または意図を最初に意識する時刻。

解説

本書は、まえがきにもあるように、アルフレッド・ミーリー（Alfred Mele）を研究代表者とする、ジョン・テンプルトン財団からの助成金による、四年間、四四〇万ドルの「自由意志の重要諸問題プロジェクト」の一環として、哲学者のみならず、脳科学、心理学の研究者をも交えて行われた諸研究のひとつの成果物として、ミーリーによって、学部生向けに対話体で書かれたものである。同プロジェクトの成果物としては、その後、一般書 *Free: Why Science Hasn't Disproved Free Will* (Oxford University Press, 2014) および論文集 *Surrounding Free Will* (Oxford University Press, 2015) が刊行されている。

ジョン・テンプルトン財団は、米国生まれの英国の投資家・慈善家ジョン・テンプルトン卿によって創設された慈善団体で、様々な学術研究助成を行っている。財団の主旨には、保守主義的・宗教的色彩が強く、そのせいか、同財団の助成を受けたことに対する批判的意見もあるが（http://dailynous.com/2014/10/20/funding-and-philosophical-results/）、ミーリーのこのプロジェクトは財団の見解とは独立であることがどの成果物にも明記されており、また少なくとも、ミーリーの本書での諸見解は、財団との接触がある前からミーリーが持っていたものであると、彼自身も述べている（http://dailynous.com/2014/10/21/mele-replies-to-dennett-on-templeton-funding/）。

アルフレッド・ミーリーは、アメリカ合衆国のフロリダ州立大学ウィリアム・H＆ルーシル・T・ワークマイスター哲学教授である。アリストテレスの行為の哲学・実践論理の研究から出発したが、その後、現代的な行為論へと移行した人である。自己欺瞞や意志の弱さ（アクラシア）の問題の研究からはじまり（著書としては、意志の弱さに関するもの（*Irrationality*（Oxford University Press, 1987））が自己欺瞞に関するもの（*Self-Deception Unmasked*（Princeton University Press, 2001））よりも先に刊行されているが、論文では、どちらに関するものもほぼ同時期に出ている）、因果的行為論（causal theory of action）全般および自由意志について広範かつ精力的な研究を行ってきており、現代のアメリカでの行為論研究の第一人者のひとりと考えられている。ミーリーの行為論研究は、因果的行為論をより自然主義的に構築しようとする流れに位置づけられ、ミーリーは、ブラットマン、ヴェルマン、フランクファートといった人々よりも、ゴールドマン、マイルズ・ブランド、ドレツキといった人々に近い路線の人である。前記のプロジェクトでも、彼は、脳科学者、心理学者たちと積極的に共同研究を行っている。

本書の基盤となっているミーリーの著作については、文献案内の箇所を御参照いただきたいが、ミーリーの行為論の詳細については *Springs of Action: Understanding Intentional Behavior*（Oxford University Press, 1992）および *Motivation and Agency*（Oxford University Press, 2003）を参照されたい。それから、自由意志論の詳細については、文献案内にもある、*Free Will and Luck*（Oxford

University Press, 2006）を参照されたい。また、このプロジェクト以降の最新のミーリーの著作で過去の彼の研究の総括とも言えるものには、*Aspects of Agency: Decisions, Abilities, Explanations, and Free Will*（Oxford University Press, 2017）がある。

本書は、対話体であることもあって、非常に明快でわかりやすいので（翻訳によりそれが損なわれていないことを祈るが）、特段の解説は要しないとも思われるが、読者のさらなる理解と探求とに資するために、背景を含めて補足してもよいと思われる点はあり、以下に補足的説明と補足的な文献紹介を本文の内容に沿って記したい。

第1章〜第3章　自由意志概念の分類と制御という基軸概念

本書の主要なテーマは、「自由意志は存在しない」という脳科学者や心理学者の主張の検討であるが、背景としては、哲学者によるこれまでの自由意志の議論がある。第1章で、登場人物たちは、自由意志の存在を否定する科学者の主張を知って、そもそも自由意志で何が意味されているかを明確にする必要性を認識し、自由意志の三つのとらえかたがあると知ることになる。この三つのとらえかたは、（カント以降の、かつ英米圏での、展開を念頭においた）従来の自由意志論での主要なふたつの立場および本書でとりあげられている一部の科学者たちが標的にしている自由意志概念に対応するものである。

従来の自由意志論は、本書でも言及されているように決定論との両立可能性を軸として展開されてきたが、ミーリーは、自律性・制御と自由意志／道徳的責任との関係との考察に基いて、両方の立場に対して問題を突きつけている。このことが第1章から第3章の背景となっている。

第1章と第2章では、両立論的な立場を表すものとして、レギュラーガソリンにたとえられた自由意志概念が説明されている。第1章では、クリフのセリフにあるような、ホッブズ等の古典的な両立論者の考え方を示唆する自由意志概念（「自分がしたいことについて、それができるなら、自由意志を持っている」）を修正した、より現代的な両立論者の立場に対応する自由意志概念が示される。そして、古典的な両立論から現代の両立論へ至る変化の大きな契機となったフランクファートによる代替的行為原則の批判を主旨とするエピソードが紹介される。そして、最後に、ダイアナ、アーニー、バーニーのエピソードが示されるが、これこそが、ミーリーが両立論の最大の問題点として *Free Will and Luck* の第7章で展開した議論で使われているエピソードである。最も洗練・改良された両立論的な立場に基く自由意志の概念を前提にしてさえも、ダイアナに創造された操作された主体であるバーニーとまったく同一の生涯を送るアーニーに自由意志を認めることが、われわれの直観にそぐわないということが、両立論が克服しなければならない最大の問題だと、ミーリーは同書で指摘していたのである。操作された主体に自由意志を認め難いという直観は、操作された主体は自分の行為に対する制御を実は欠いている／操作された主体には自律性がないということに支えられているといえ、制御／自律性の有無がここでのポイントとなっているといえる。

第3章では、出来事因果的リバタリアン（自由意志は存在するが、決定論とは両立不可能性だと主張するリバタリアンのなかで、出来事因果を前提にする人々）の立場に対応する自由意志の概念——ミドルクラスの自由意志——が説明される（ちなみに、訳語の話にそれるが、mid-gradeを「ミドルクラス」と訳したが、ガソリンに関しては、日本語だと実はあまり適切な名称は存在しないようである。というのは、アメリカのガソリンスタンドでは、ガソリンには三つの等級があるが、日本では二等級しかないのが一般的だからである）。これは、両立論的なレギュラーの自由意志に「深い選択可能性（deep openness）」を加えるものである（ちなみに、「深い選択可能性」は、一般的な哲学用語ではなく、本書でミーリーが考案したものである）。

「深い選択可能性が自由意志を不可能にする」という問題は、一般的には、現時点の運の問題（problem of present luck）または世界交差的運の問題（problem of cross-world luck）と呼ばれており、出来事因果的リバタリアンに対する主要な反論として、ミーリーが提起したものである（他にも同様の議論を提起した哲学者はいる）。本文でも説明されているように、非決定論的要因による行為の時点での運（present luck）——その時点までの履歴が同一な可能世界間で行為が異なるということ——によって、行為に対する行為者の制御が失われるゆえに、その行為者が自由意志を持たないとされるのである。ここでの議論の鍵もまた、制御／自律性なのである。

第4章〜第5章　リベット式の諸実験

リベットの実験については、本文中で詳細な紹介がされており、本書での議論に関するかぎりでは、特に補足する点はない。W時刻と準備電位については、さまざまな研究がなされているが、前述の *Surrounding Free Will* にも、それを扱った論文が収録されている（Uri Maoz, Liad Mudrik, Ram Rivlin, Ian Ross, Adam Mamelak, and Gideon Yaffe, "On Reporting the Onset of the Intention to Move"）。この論文でも、リベット実験での準備電位の特徴づけは批判的に検討されているが、特に準備電位について検討した論文も同書には収録されている（Prescott Alexander, Alexander Schlegel, Walter Sinnot-Armstrong, Adrina Roskies, Peter Ulric Tse, and Thalia Wheatley, "Dissecting the Readiness Potential"）。

第6章〜第7章　心理学諸実験

第6章と第7章では、さまざまな心理学実験が扱われているが、どれも有名なものである。このなかで、傍観者実験、善きサマリア人実験、ミルグラムの実験、およびスタンフォード監獄実験については、本文中で詳細に紹介されているので、特に補足するところはないが、スタンフォード監獄実験には、公式ウェブサイトがある（文献案内ではエドの引用元のサイトとして紹介されている）。

そのほかの実験については、本文中では、これらほど詳しく紹介されていないので、実験の主旨などについて補足する。一〇セント硬貨実験は、気分のよさが、コストの低い援助行動に与える影響に関する実験の一環として行われたもので、これとともに行われた実験は、図書館でクッキーを配った人のほうが、心理学実験への協力要請を受け入れる度合いが高いかどうかが調べられた。

ナイロンストッキング実験は、高次認知過程を直接的に内観することがあるのかどうかを調べることを主眼として行われた諸実験のひとつであった。それらの諸実験は、有効な刺激要因の影響に関する諸実験、個人の身体的特徴に対する反応にその人の人格が及ぼす影響についての諸実験、および無効な刺激要因の影響についての諸実験に分類された。有効な刺激要因の影響に関する諸実験のひとつとして、評価・選択に対する位置の影響を調べるふたつの実験があり、ナイロンストッキング実験はそのひとつであった。もうひとつの実験では、ナイロンストッキングの代わりに、ナイトガウンが使用された。

第8章　ウェグナーと行為決定上の無意識的過程

第8章で扱われているウェグナーの見解について、少し補足する。本文中では、ウェグナーが、すべての行為が同様な仕組みで引き起こされることを前提にしていたことが強調されているが、なぜ意識的な行為産出過程よりも無意識的な行為産出をウェグナーが選んだかについてはあまり紹介されていない。ウェグナーが前者を選んだのは、例外の説明のしやすさという規準に基づいている。行為産出過程は意識的なものであるとすると、自動運動などが例外となり、そういった例外を意識的な行為産出過程に基づいて説明することが必要になるが、これはかなり困難なことになる。それに対して、行為産出過程が無意識的であることを前提にして、意図的な行為を説明するのは、意図を後づけ的にわれわれが行為に賦与しているものと考えれば、説明は可能になる。このようにウェグナーは考えていたようである。以下にウェグナーの *The Illusion of Conscious Will* から引用する（邦訳は訳者による）。

意識的意志を前提しようが、否定しようが、変則事例の説明の問題は存在する。「意識的意志なしに生じ得る自発的行動」から出発して、よって、人々がみずからの自主的行動の多くについて意志の経験を構築するということを受け入れるとしたら、われわれは、その場合、意図と行為との一般的な共起を説明しなければならない。……他方、「すべての自発的行動は意識的に意志される」から出発すると、そうすると、われわれは多くの反例——明らかな自発的行動が意識的意志の徴なしに生じる、自動作用や観念運動の事例といった変則事例——を説明しなければならない。いずれの場合でも、例外を説明するように努めなければならない。……前提を完全に置き換えて、自主性が説明されなければならないものであるというアプローチをとれば、即座にいくばくかの光が見えはじめるのである。(143-144)

……意識的意志は、心の羅針盤である。われわれが見てきたように、行為を意識的に意志する経験は、解釈システムの結果として生じるのであるが、それは、われわれの思考と行為との関係を調べる針路検知の仕組みであり、そのふたつが適切に対応する場合に「私はこれを意志する」という応答を出す。(317)

こうしてみると、ウェグナーの考えかたもある程度もっともらしいと思われるかもしれない。しかしながら、最近の脳科学研究を鑑みると、やはりそうではなく、行為産出過程が一種類だけだと考えるのは誤っているようである。

行動を決定する神経制御系(controller)には三種類あるとする説が最近では有力であり、パブロフ的システム、習慣的(手続的)システム、および目標志向的システムがあるとされている。このなかで、パブロフ的システムは、たとえば、条件反射的行動のような一定の刺激に対する一定の行動を制御するものである。習慣的(手続的)システムは、たとえば、日常的にくりかえされる行動のような、一定の刺激に対する、学習を通して獲得された一定の行動を制御するものである。目標志向的システムは、熟慮に基く行動のような、所与の刺激に対して、それに対する行動の帰結を計算・比較して選択される行動を制御するものである。パブロフ的システムと習慣的システムは無意識的なものであり、目標志向的システムは意識的なものである(この考えかたの一般読者向けの説明としては、Redish, A. David, *The Mind Within The Brain* (Oxford University Press, 2013) を参照されたい)。この説に従うと、行動産出過程は一種類だけではなく、無意識的行動は、無意識的な行動決定システムにより、意識的行動は、意識的な行動決定システムにより制御されていることになり、ウェグナーのように考える必要はなくなるのである。

第9章～第10章　魂と行為者因果について

第9章は、第6章から第8章で紹介された諸実験・研究を自由意志の三つの概念と関連付けようとしており、第10章では、これまであまり言及されていないプレミアムの自由意志が検討されている。プレミアムの自由意志は、ミドルクラスの自由意志に魂を加えるものであり、一部の科学者の議論の標的とされていると思われるものである。これに関しては、魂という概念自体の持つ難点が指摘されて、関連する考えかたとして行為者因果説へ話が移される。

魂の話から行為者因果の話への移行は、やや突然に見えるが、これは、次のような考えかたによるのではないかと思われる。結局のところ、魂を持ちだすことで、強化されると考えられる点は、行為の自発性ということであり、それならば、概念的にさまざまな困難をかかえる魂について論じるよりも、同様の効果を意図した行為者因果説について考えるほうが哲学的には話がしやすいし、より建設的に議論ができるのではないか。こういう感じではないだろうか。

行為者因果の考えかたは、近年ではオコナー（O'Connor, Tomothy, *Persons and Causes* (Oxford University Press, 2000)）やR・クラーク（Clarke, Randolph, *Libertarian Accounts of Free Will* (Oxford University Press, 2003)；"Agent Causation and the Problem of Luck," *Pacific Philosophical Quarterly* 86 (2005)

: 408-21）らによって主張されているが、R・クラークは、フロリダ州立大学でのミーリーの同僚である。行為者因果についても、魂の場合と同様に、行為者因果とはそもそも何であるのかという問題はあると登場人物たちは指摘し、さらに、行為者因果をミドルクラスの自由意志に加えても、その問題――現時点での運の問題――は解決されないとされる。後者の点については、ミーリーは、*Free Will and Luck* の第3章で、行為者因果説をとっても、出来事因果的なリバタリアン同様に、制御の欠如の問題は解決されないことを指摘している。なぜなら、行為者因果をとっても、出来事因果的に決定がなされる点が行為者因果的に決定がなされるという点で置き換えられるだけで、決定がなされるかどうかに関わる現時点の運の問題は依然として残るからである。

その他

本文からすると、著者ミーリーが、基本的には両立論を支持しているという印象も持たれかねないと思われるが、実のところはそうではない。ミーリーはアーニーとバーニーのたとえ話の問題（接合子論証）はかなり深刻だと考えており、両立論に対しては懐疑的である。

他方、現時点での運の問題をリバタリアンが克服を迫られる問題だとミーリーは考えているが、この問題をできるだけ緩和するようなリバタリアンの立場を提案している――大胆なソフトリバタリアニズム（daring soft libertarianism）である。まず、決定論と自由意志との両立可能性については、判断を保留するが、より望ましい類の自由意志・道徳的責任のためには決定論が偽であることが必要だとする立場を、ソフトなリバタリアニズム（soft libertarianism）とミーリーは規定する。そして、行為者の内部（心理状態その他を含む）での非決定論的性質によって行為者が行為の創始能力を持てるようになるとしつつも、運によって偶然生じた適切でない思いつきを抑制したりするなどして行為の時点での運の悪影響を最小化しようとする立場を、穏健なリバタリアニズム（modest libertarianism）と規定する。これらの規定を踏まえて、ミーリーは、大胆なソフトリバタリアニズムを、次のような立場として提案している。

1　代替的行為の可能性を自由の要件としない（フランクファート的事例を考慮して、自分自身の意志による行為に対しての代替的行為の可能性だけがあればよいとする）。
2　行為の近接的原因が非決定論的であれば行為創始能力が可能となるとする。
3　現時点での運を避けようとせずに受け入れるが、現時点での思考において運の悪影響を最小化することも、過去の経験を考慮して未来の決定に活かすことも可能だと考える。

これによって、決定論が真であっても、自体行為創始能力を持つ行為者の存在を可能にし、かつ現時点での運の問題の影響を最小限にするような立場をミーリーは提案しているのである。

このように、ミーリーは、両立論、リバタリアニズム両方に対して中立的な立場をとり、それぞれの改良を求めていこうとしているのである（詳細については、*Free Will and Luck* を参照されたい)。

訳者自身は、基本的にはミーリーの中立的な立場に共鳴するが、自由意志の概念の認識的側面と形而上学的側面とを分けて考えたいと思う。両立論に対応するレギュラーの自由意志は、認識的な自由意志概念だとみなし得る。行為者の認識という側面から見ると、レギュラーの自由意志の条件は、行為者が自由意志を持っていると考える資格を付与するものだとみてよいだろう。しかしながら、それだけでは形而上学的な自由意志概念には不十分だという指摘はもっともだと思われ、それには、確かにミーリーが主張するような行為の創始能力に関わる要素が必要となってくると思われる。

だが、道徳的責任の概念にとって、形而上学的な自由意志概念はどの程度必要なのであろうか。認識的自由意志概念だけではどの程度不十分なのだろうか。

他方、脳神経細胞の活動におけるノイズに起因する非線形性などに依拠する(形而上学的なというよりも、見かけ上の)非決定論性を主張する神経科学者もいる(Shadlen MN, Comments on Adina Roskies, "can neuroscience resolve issues about free will?" in Sinnott-Armstrong, ed. *Moral Psychology, Volume 4: Free Will and Moral Responsibility* (MIT Press, 2014))。神経活動のそういった特性は、形而上学な決定論の是非の決定には寄与しないかもしれないが、現時点での運の問題に極めて類似した、行為の制御上の問題を、形而上学的決定論の下でも生じさせかねない。紙数と時間の関係上これらの点の検討はまたの機会に譲りたいが、さしあたりはこのように記して、解説を終えたい。

訳者あとがき

本訳書は、ある年に訳者が授業で原作を使うために作成した訳稿がもとになっている。旧師の野矢茂樹先生（当時、東京大学大学院総合文化研究科教授でいらっしゃったが、今年退官されて、立正大学文学部教授に就任された）に相談し、ご紹介いただいたのが、春秋社の小林氏であった。幸いにも、小林氏からは大きな関心を寄せていただき、春秋社から刊行していただけることになったのである。野矢先生と小林氏には感謝してもしきれないことを最初に記しておく。

この本は、対話篇であるが、アメリカの大学生を登場人物としているので、いかに大学生らしい会話調にするかに、推敲上の努力が主として注がれた。この点については、豊富な日本語語彙をお持ちになる小林氏に負うところが非常に大であった。ときに大胆で、ときに予想外の氏の指摘に悩みつつ、最大限原文の意図を忠実に反映する訳を考えるのは、むずかしくも興味深い作業であり、それを通じて、日本語の日常的表現について、あらためて考える機会をもいただいた。

この本の興味深い点は、登場人物であるフロリダ州立大学の学生たちが、単なる対話篇の人物としてだけでなく、いきいきと描かれてもいることである。この本を通して、アメリカの大学生の日常を垣間見ることができ、そういう意味で単なる対話体の哲学書にとどまらない隠れた魅力も本書にはある。日本の学生生活と似ているところもあり、違うところもある米国の学生生活を想像しつつ、彼らが哲学するプロセスを追っていただければと願っている。

二〇一八年五月二二日

蟹池陽一

文献案内

第１章　自由意志って何を意味するの?――はじまりは月曜の午後

本文で触れられている二つの文献は、H. Putnam, *Reason, Truth and History*（Cambridge, UK: Cambridge University Press, 1981）［H・パトナム『理性・真理・歴史――内在的実在論の展開』野本和幸ほか訳、法政大学出版局、1994年］及び拙論文、（A. Mele,）"Premium, Mid-Grade and Regular Free Will Fuel Accountability," *Phi Kappa Phi Forum* 92（2012）: 11-12。

第２章　レギュラーの自由意志――月曜の夜に

フランクファート流のストーリーの原形は、H. Frankfurt, "Alternate Possibilities and Moral Responsibility," *Journal of Philosophy* 66（1969）: 829-39 にある。ダイアナとアーニーについてのデブのストーリーは、拙著 *Free Will and Luck*（New York: Oxford University Press, 2006）の第七章のストーリーに基づいている。

第３章　ミドルクラスの自由意志――火曜の午後の話

コイントスをする者がいかさまをすることについてのボブのエピソードは、拙著 *Free Will and Luck*（New York: Oxford University Press, 2006）の第三章より。乱数発生器に関するボブの思考実験は、拙論文 "Moral Responsibility and the Continuation Problem," *Philosophical Studies* 162（2013）: 237-55 より。リード・モンタギューからの引用は、彼の "Free Will," *Current Biology* 18（2008）: R584-5 の 584 頁より。デブが話す調査研究は、拙論文 "Free Will and Substance Dualism: The Real Scientific Threat to Free Will?" in W. Sinnott-Armstrong, ed. *Moral Psychology, Volume 4: Free Will and Responsibility*（Cambridge, Mass.: MIT Press, 2014）より。

第４章　リベットの脳科学実験――それは火曜の夜

フランによるリベットの研究の紹介は、リベットによる二つの著作に主として基づいている。"Unconscious Cerebral Initiative and the Role of Conscious Will in Voluntary Action," *Behavioral and Brain Sciences* 8（1985）: 529-66 及び *Mind Time*（Cambridge, Mass.: Harvard University Press, 2004）［ベンジャミン・リベット、『マインド・タイム―脳と意識の時間』下條信輔訳、岩波書店、2005 年］。リベットの研究の批判は、拙著 *Effective Intentions: The Power*

of Conscious Will（New York: Oxford University Press, 2009）の第二、三、四章に主として基づいている。「いまだ」と心の中でつぶやくことについて動画中で語っていた教授とは私のことである。私は、*Effective Intentions* の第二章および第四章で、あるリベット式実験の被験者としての短い参加体験について論じている。自分の筋道立った思考による決定の意識が決定形成に少し遅れるとしても、意識的な筋道立った思考が脳内回路の外にある訳ではないというエドの考えは、拙論文 “Unconscious Decisions and Free Will,” *Philosophical Psychology*, 26（6）: 777-789（2013）に基づく。フランが説明している合図反応時間研究は、P. Haggard and E. Magno, “Localising Awareness of Action with Transcranial Magnetic Stimulation,” *Experimental Brain Research* 127（1999）: 102-7 からである。

第５章　fMRI 実験——水曜の午後

報道記事からのデブの引用は、E. Youngsteadt, “Case Closed for Free Will?” *ScienceNOW Daily News* 4/14/2008 から。同記事中で説明されている fMRI 研究は、C. Soon, M. Brass, H. Heinze, and J. Haynes, “Unconscious Determinants of Free Decisions in the Human Brain,” *Nature Neuroscience* 11（2008）: 543-5 から。その研究からの引用は p. 544 からで、それに対する批判は、拙論文 “Free Will and Substance Dualism: The Real Scientific Threat to Free Will?” in W. Sinnott-Armstrong, ed. *Moral Psychology, Volume 4: Free Will and Responsibility*（Cambridge, Mass.: MIT Press, 2014）に基づいている。アン[*1]がビュリダンのロバの寓話で例示している考えは、拙著 *Effective Intentions*（New York: Oxford University Press, 2009）の第四章で展開されている。深部電極を使った実験は、I. Fried, R. Mukamel, and G. Kreiman, “Internally Generated Preactivation of Single Neurons in Human Medial Frontal Cortex Predicts Volition,” *Neuron* 69（2011）: 548-62 からで、その批判は、拙論文 “Unconscious Decisions and Free Will,” *Philosophical Psychology*, 26（6）: 777-789（2013）に基づいている。様々な脳科学実験で意識的経験が行う働きは、参加者が意識報告をすることを可能にすることではないかというフランの提案は、*Effective Intentions* の第二章に基づいている。V・S・ラマチャンドランからの引用は、ラマチャンドランの著書 *A Brief Tour of Human Consciousness*（New York: Pi Press, 2004）の p.87 より。ラマチャンドランの

＊１　誤植と思われ、本文中で該当するのは、「アリス」。因みに、*Effective Intentions* には、「アン」という名前がたとえ話中の人物名として使われているが、第四章には登場していない。

思考実験に対するボブの批判は、拙著 *Effective Intentions* の第四章に基づいている。

第6章　自由意志に関するガザニガの主張——水曜の夜

ガザニガからのフランの引用は、ガザニガの *Who's in Charge? Free Will and the Science of the Brain* (New York: HarperCollins, 2011)［マイケル・S・ガザニガ、『〈わたし〉はどこにあるのか—— ガザニガ脳科学講義』藤井留美訳、紀伊國屋書店、2014年］の77頁から。ガザニガの考えのいくつかの批判は、私が受けたインタビュー *3:AM Magazine:* http://www.3ammagazine.com/3am/the-4million-dollar-philosopher/ の一部に基づいている。水曜夜に検討されている四つの有名な社会心理学実験の出典は次の通り。(善きサマリア人実験) J. Darley and C. Batson, "From Jerusalem to Jericho: A Study of Situational and Dispositional Variables In Helping Behavior," *Journal of Personality and Social Psychology* 27 (1973): 100-8; (傍観者効果実験) J. Darley and B. Latané, "Bystander Intervention in Emergencies: Diffusion of Responsibility," *Journal of Personality and Social Psychology* 8 (1968): 377-83; (一〇セント硬貨発見実験) A. Isen and P. Levin, "Effect of Feeling Good on Helping: Cookies and Kindness," *Journal of Personality and Social Psychology* 21 (1972): 384-8; (ナイロンストッキング実験) R. Nisbett and T. Wilson, "Telling More than We Can Know: Verbal Reports on Mental Processes," *Psychological Review* 84 (1977): 243-4。

第7章　ミルグラムの実験と自由意志——木曜の午後

ミルグラムの実験についてのエドの参考文献は、S. Milgram, "Behavioral Study of Obedience," *The Journal of Abnormal and Social Psychology* 67 (1963): 371-8、S. Milgram, "Some Conditions of Obedience and Disobedience to Authority," *Human Relations* 18 (1965): 57-76、および S. Milgram, *Obedience to Authority* (New York: Harper & Row, 1974)。エドが言及しているミルグラムの動画については、*Introsocsite: Introduction to Sociology:* http://www.nyu.edu/classes/persell/aIntroNSF/TeacherResources/MilgramExperimentFilm.html を参照。エドが引用しているスタンフォード監獄実験についての学術論文は、C. Haney, W. Banks, and P. Zimbardo, "Interpersonal Dynamics of a Simulated Prison," *International Journal of Criminology and Penology* 1 (1973): 69-97 で、引用は81頁より。エドが引用しいてる *New York Times Magazine* の記事は、P. Zimbardo, C. Haney, W. Banks, and D. Jaffe, "The Mind Is a Formidable Jailer: A Pirandellian Prison," *The New York Times Magazine*, Section 6 (1973, April 8: 38-

60)。エドが引用しているインターネット上の文献は、P. Zimbardo, "Stanford Prison Experiment": http://www.prisonexp.org/。

第8章　自由意志についてのウェグナーの主張——木曜の夜に

ウェグナーからのボブの引用は、*The Illusion of Conscious Will*（Cambridge, Mass.: MIT Press, 2002）の 144 頁から。同書は、ボブによるウェグナーの考えの紹介の元となっている文献である。ウェグナーの考えのいくつかの批判は、拙著 *Effective Intentions*（New York: Oxford University Press, 2009）の第二章・第五章に基づいている。ボブが言及している、実行意図についてのレビュー論文は、P. Gollwitzer, "Implementation Intentions," *American Psychologist* 54 (1999): 493-503, and P. Gollwitzer and P. Sheeran, "Implementation Intentions and Goal Achievement: A Meta-Analysis of Effects and Processes," *Advances in Experimental Social Psychology* 38 (2006): 69-119.。実行意図の哲学的意義についての議論は、拙著 *Effective Intentions* の第七章に基づいている。

第9章　科学的証拠とレギュラーの自由意志——金曜の午後に

デブが言及しているショウジョウバエの実験は、A. Maye, C. Hseih, G. Sugihara, and B. Brembs, "Order in Spontaneous Behavior," *PLoS ONE*, issue 5, e443 (2007) : 1-14 より。デブが言及している報道記事は、"Do Fruit Flies Have Free Will?" *ScienceDaily*, 2007: http://www.sciencedaily.com/releases/2007/05/070516071806.htm。

第10章　科学的証拠とプレミアムの自由意志——そして金曜の夜

新たに使われている文献はない。行為者因果の自由意志に対する関わり合いについての筆者自身の考えに御関心ある読者は、拙著 *Free Will and Luck*（New York: Oxford University Press, 2006）の第三章をお読みになりたいと思われるかもしれない。

著者

アルフレッド・ミーリー *Alfred R. Mele*

1951年生まれ。ウェイン州立大学卒、ミシガン大学より Ph.D. 取得。デイヴィドソン大学准教授、同教授などを経て、現在、フロリダ州立大学ウィリアム・H &ルーシル・T・ワークマイスター哲学教授。専門は、心の哲学、行為の哲学。著書は、*Motivation and Agency*, Oxford University Press, 2003, *Free Will and Luck*, Oxford University Press, 2006, *Free: Why Science Hasn't Disproved Free Will*, Oxford University Press, 2014, *Aspects of Agency: Decisions, Abilities, Explanations, and Free Will*, Oxford University Press, 2017 など多数。

訳者

蟹池陽一 *Yoichi Kaniike*

1962年生まれ。東京大学卒、東京大学大学院総合文化研究科より学術修士、インディアナ大学より Ph.D. 取得。元・東京大学21世紀 COE「共生のための国際哲学研究センター」特任研究員、現・國學院大學兼任講師、翻訳家。専門は、20世紀分析哲学史、脳科学の哲学。著書に『哲学の歴史 11 20世紀 II 論理・数学・言語』（共著、中央公論新社、2007年）、『脳神経倫理学の展望』（共著、勁草書房、2008年）など。

A Dialogue on Free Will and Science
by Alfred R. Mele

アメリカの大学生が
自由意志と科学について語るようです。

2018年6月25日　第1刷発行

著者――アルフレッド・ミーリー
訳者――蟹池陽一
発行者――澤畑吉和
発行所――株式会社 **春秋社**
〒101-0021 東京都千代田区外神田 2-18-6
電話 03-3255-9611
振替 00180-6-24861
http://www.shunjusha.co.jp/
印刷・製本――萩原印刷 株式会社
装丁・カバー絵――河村　誠

ISBN978-4-393-32371-7
定価はカバー等に表示してあります